新 疆 财 经 大 学 校 级 专 著 资 助

自创区情景下自主创新的

科创网络作用

机理研究

古丽扎尔·艾赛提 / 著

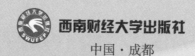

西南财经大学出版社

中国·成都

图书在版编目（CIP）数据

自创区情景下自主创新的科创网络作用机理研究 /古丽扎尔·艾赛提
著.--成都:西南财经大学出版社,2025.7. --ISBN 978-7-5504-6482-7

Ⅰ. F279. 23

中国国家版本馆 CIP 数据核字第 2024N50G19 号

自创区情景下自主创新的科创网络作用机理研究

ZICHUANGQU QINGJING XIA ZIZHU CHUANGXIN DE KECHUANG WANGLUO ZUOYONG JILI YANJIU

古丽扎尔·艾赛提　著

策划编辑:向　虎
责任编辑:王甜甜
责任校对:李建蓉
封面设计:墨创文化
责任印制:朱曼丽

出版发行	西南财经大学出版社(四川省成都市光华村街55号)
网　址	http://cbs. swufe. edu. cn
电子邮件	bookcj@ swufe. edu. cn
邮政编码	610074
电　话	028-87353785
照　排	四川胜翔数码印务设计有限公司
印　刷	郫县犀浦印刷厂
成品尺寸	170 mm×240 mm
印　张	12.25
字　数	205 千字
版　次	2025 年 7 月第 1 版
印　次	2025 年 7 月第 1 次印刷
书　号	ISBN 978-7-5504-6482-7
定　价	78.00 元

序　言

　　新型冠状病毒感染疫情给全球经济带来巨大冲击，使企业在提升创新绩效方面面临更大挑战。尽管我国在科学技术发展的大环境下，制定了国家自主创新示范区（简称"自创区"）的政策，颁布了一系列促进科创发展的实施文件，并突出强调创新绩效的重要性。但是，在全球创新环境日趋复杂的背景下，如何充分激发科创网络的作用，帮助企业创新成果快速落地，成为中国企业创新发展关切的问题。借助科创网络进行合作创新是提升企业创新能力的重要途径。近几年，随着我国在科学技术方面投入的不断加大，技术创新成果也越来越多。然而，由于缺少对创新的有效利用，许多创新成果被搁置，造成了资源的极大浪费。因此，在科技创新网络化发展背景下，如何借助科创网络集群效应与同群效应来提高创新绩效，实现企业创新能力的整体提升，是理论界和实业界普遍关注的问题。

　　在科技强国的背景下，科创网络的相关主题研究已成为国内外学术界关注的重点。已有研究大多从微观企业、中观市场环境以及宏观制度环境等多方面展开分析，但很少有研究从科创网络嵌入的特征视角展开分析。本书结合微观企业、中观科创平台和宏观企业群落框架，分析科创网络对企业创新绩效的影响及作用机制。本书基于科创网络理论、集群效应理论、同群效应理论三大理论基础，采用定性分析与定量分析相结合的方法，以自创区政策为研究情景，分析科创网络对企业、企业群落和科创平台创新绩效的作用机制。具体研究内容如下：

　　第一，基于扎根理论，结合二手资料与访谈资料，构建三个层次的科创网络创新绩效机制框架。本书的研究使用 Python 语言调用 request、 lxml 组件，收集了北京中关村、上海张江、武汉东湖自创区官方网站中2009 年至 2022 年的政策文件，共获取有关自创区的政策文件 300 份，共计约 25 万字。根据扎根理论研究方法，借助 NVivo 质性分析软件工具对资料进行开放性编码、主轴编码和选择性编码，挖掘出科创网络建构、科创网络效应及其与绩效间作用机制的关键因素，研究揭示了"社会逻辑、商业逻辑、数字赋能、转型逻辑、资源集聚、共享效应、学习效应、激励约束、创新绩效、创新能力、产业实践、创新政策"12个关键因素的主要范畴，并归纳得到科创平台运营要素、科创网络效应要素、科创网络建构要素及其内在机理。

第二，基于扎根理论分析结果，从建构逻辑与转型逻辑双重逻辑框架出发，探索科创平台目标定位与科创平台网络协调效应之间的关系，同时引入了市场主导和政府引导的调节效应，以分析科创平台网络的创新绩效机制。本书通过线上、线下两种方式发放并收集调查问卷，历经10 个月的时间，最终收集了 600 份有效问卷。运用多层次回归分析方法，对构念模型的研究假设进行了验证。实证结果表明，科创平台目标定位显著正向影响科创平台网络协调效应；建构逻辑和转型逻辑在科创平台目标定位和科创平台网络协调效应之间存在中介效应机制；市场主导的调节效应，通过建构逻辑下的商业逻辑、转型逻辑影响科创平台网络协调效应；政府引导正向调节科创平台目标定位与社会逻辑之间的关系；市场主导和政府引导共同作用下的调节效应通过建构逻辑下的社会逻辑、转型逻辑来提升科创平台网络协调效应。

第三，从宏观政策视角，以自创区为研究对象，基于集群效应理论，实证分析自创区设立对企业群落创新绩效的影响及其作用机制。本书收集整理了我国 283 个地级市 2009—2018 年的面板数据，采用双重差分法探讨了自创区的设立对企业群落创新绩效的影响及其作用机制。研究结果表明：首先，设立自创区有效促进了企业群落创新绩效的提升，此结论在一系列稳健性检验后仍然成立。其次，机制分析发现，自创区通过创新共享效应来实现创新资源的跨区域自由流动，促进了科创资源的共享，即通过创新共享的吸收效应和扩散效应提升了企业群落创新绩效。最后，异质性分析发现，在数字化水平较高的城市中，自创区政策效应显著高于数字化水平处于中、低层次的城市;相比其他区域,自创区政策在东部地区的边际效应最大,其次是中部和西部地区;自创区政策在政府服务水平高或市场化程度高的城市中效果较好。

第四,从企业微观视角,基于同群效应理论实证分析自创区科创网络与创新绩效之间的关系,并引入同群效应、研究与开发(R&D)经费投入强度和R&D人员占比的中介机制效应,探讨了企业的产权异质性对创新绩效的影响。本书以2010—2020年沪深A股上市企业为研究样本,实证分析自创区科创网络对企业创新绩效的影响。研究发现,自创区的设立有利于促进企业创新绩效的提升。位于科创网络中的企业,知识溢出更为频繁并具有同群效应,企业的规模和城市经济发展水平对改善创新绩效有重要的影响。企业产权性质方面的异质性对企业创新绩效的影响程度存在差异,即科创网络对外资企业创新绩效的影响效果最强,其次是民营企业,对国有企业的影响最弱。在同群效应的作用下,科创网络不仅显著促进企业间研发投资,而且通过共享、匹配和学习机制降低企业生产成本,提高研发人员的投入强度,分别通过研发资金投入的激励效应和研发人员投入的集聚经济效应提升了企业创新绩效。中介检验表明,自创区政策对同群效应、R&D人员占比和R&D经费投入强度的估计系数显著为正,中介的平方项对企业创新绩效的系数为正,反映出随着企业研发人员的不断增加,企业创新绩效也不断改善。只有适度的R&D经费与R&D人员投入,才能发挥同群效应对企业创新绩效的正向影响。

第五,基于宏观、中观、微观层面的实证分析结果,本书从如何提升科创平台网络协调效应、企业群落与企业创新绩效等相关方面提出策略建议。首先,本书提出科创网络对创新绩效作用机制的分析结构,从全局视角对科创网络进行分析,构建了包含科创网络建构要素、科创网络效应要素和科创平台运营要素的多层次理论框架,提出了一系列针对科创网络创新绩效机制的策略建议。其次,通过构建科创平台目标定位对科创平台网络协调效应的作用机制,本书提出了市场主导与政府引导共同作用影响科创平台网络的发展策略。以自创区政策的设立为例,本书分析了我国283个地级市2009—2018年的面板数据,采用双重差分法探讨了自创区的设立对企业群落创新绩效的影响及其作用机制，提出了利用自创区的政策优势，进一步放大创新共享效应，完善城市科创网络数字化基础设施，实现自创区数字化转型升级；打造数字政府，提升服务效率；重塑城市营商环境，保障科技型企业公平竞争等政策建议。最后，从微观层面，探究自创区科创网络中的同群效应的存在性，以及科创网络如何通过 R&D 经费投入和 R&D 人员投入影响企业同群效应，进而影响企业创新绩效，通过中介效应探究其背后的影响机制与路径。

基于上述研究内容，本书的创新之处主要体现在以下三个方面：

第一，本书通过扎根理论提炼出科创网络绩效机制研究的关键影响因素，并在厘清了主次范畴后，提出了科创网络创新绩效机理研究的层次框架。本书从全局视角对科创网络进行分析，构建了包含科创网络建构、科创网络效应及科创网络绩效的理论研究框架，为剖析科创网络创新过程中如何发挥集群效应和同群效应，以及实现宏观、中观、微观层次创新绩效的提升，提供了前期理论研究基础；依据扎根理论研究挖掘的绩效机制影响要素，本书进一步通过实证研究探寻出提升科创平台网络协调效应的有效途径，为有效结合政府引导作用和市场主导作用提供了实践指导；提出通过科创平台运行的建构逻辑与转型逻辑是提高协调效应的基础，而充分发挥市场对资源的配置作用和政府政策的引导作用，则可以有效促进创新资源效率，进而实现绩效的提升。因此，本书在研究方法上结合了质性研究和定量研究。

第二，在宏观企业群落层面，基于集群效应厘清了自创区政策对企业群落创新绩效的提升机制，即构建了集群效应与共享效应（吸收效应和扩散效应）之间的中介机制，深入剖析了科创网络数字化水平、市场化程度、政府服务水平及区域发展水平四个方面的异质性，并综合本书研究结论，提出了提升科创网络的数字化水平、政府服务水平和市场化程度等政策建议。因此，本书在研究视角上丰富了科创网络异质性分析。

第三，在微观企业个体层面，基于同群效应理论探讨了自创区科创网络与企业创新绩效之间的关系。本书提出，通过科创网络渠道加大R&D 经费投入与 R&D 人员投入是提高企业创新绩效的基础，而充分发挥同群效应在创新传播中的信息共享效应、学习效应和外部性效应，则可以有效促进新信息和技术的传播，加速知识的共享与溢出，进而提升企业创新绩效；利用中介效应模型从同群效应、R&D 经费投入与 R&D 人员投入的角度揭示了其具体作用机制，从而为理解企业创新战略的制定与落实提供了较为充分的证据。因此，本书在研究内容上丰富了科创网络的相关研究。

在本书付梓之际，我要感谢我的导师谢家平教授从选题构思到本书最终定稿，全程给予我的悉心指导。同时，我主持的"一圈一带一群"创新区域城市协同科技创新战略高层次人才专项项目（批准号：2024XGC014）、新质生产力背景下战略性新兴产业集群协同创新体系构建路径研究重大资政调研项目（批准号：2024XZZ003）、新疆自贸试验区科创网络的价值共创机理研究人文社科基地招标项目一般项目（批准号：ZX20240019），以及丝绸之路经济带创新试验区多主体合作的网络治理机制研究自治区社科基金项目一般项目（批准号：21BGL109），从不同角度聚焦区域协同创新与战略性新兴产业发展，为本书的完成提供了有力支撑。

古丽扎尔·艾赛提

2024 年 8 月

目　录

第一章 绪论

第一节 研究背景

一、政策背景

长期以来，我国主要通过模仿创新的学习效应来提升自身的技术创新能力。然而，模仿创新导致我国关键核心技术自主创新能力不足，形成了关键核心技术对国外技术依赖的惯性。据统计，我国70%左右的高端产品开发需要国外技术的支持，80%左右的关键零部件依赖国外进口[①]。由于缺乏关键核心技术和自主创新能力，我国在国际科技竞争中处于被动地位，致使我国很多高端产业发展一直受欧美等发达国家的制约，国内企业长期被锁定在低附加值的产业链环节。企业自主创新主体地位不突出，产学研合作关系松散，原创性科技成果相对较少，关键技术自给率较低是当前我国企业自主创新存在的主要问题。针对我国企业自主创新能力弱、科技转换力度低的现实问题[②]，提高企业自主创新能力、改善创新绩效是实现我国经济高质量发展的关键（柳卸林 等，2021）。

随着全球经济的不断进步，市场竞争的日益加剧，市场对企业的创新能力提出了越来越高的要求，在此背景下，国际采购由此成为众多国家和企业的战略首选。国际采购是指跨越国界，从一个或多个市场上采购商品或劳务的采购方式（李胃胜 等，2020），其有利于提高产品质量、降低研发成本、改善服务与交付，提升企业竞争力。现阶段要想改变仅靠单一国

[①] 数据来源：《二十国集团（G20）国家创新竞争力发展报告（2019—2020）》黄皮书。
[②] 数据来源：《中共中央 国务院关于深化科技体制改革加快国家创新体系建设的意见》。

际采购的方式获取关键核心技术的局面，需要提升本土企业关键核心技术的自主创新能力，而企业自主创新绩效的提升，离不开国家自主创新相关政策的支持。国家为了提升企业自主创新能力与自主创新绩效，自 2009 年以来批准设立了国家自主创新示范区。作为重要的区域性科创政策，自创区在促进自主创新和高技术产业发展方面具备显著优势。它是依托自主创新相关政策开展试点、探索经验、引领示范的区域，是国家为了提升本土企业关键核心技术自主创新能力的重要战略举措。我国自创区集聚了本地区乃至全国最顶尖的人力资本、科技企业、研发机构、科技服务组织等创新要素，同时具有地理区位、制度体制、政策优惠、金融支持、科研经费等方面的突出优势（曹玉平，2022）。

因此，本书针对企业自主创新能力弱、创新绩效差等问题，以自创区为研究样本，梳理了自创区的三大定位，旨在通过综合运用质性与量性的双重研究方法，深入探索提高企业创新绩效的有效途径，实现中国经济的高质量发展。

（一）战略定位

作为推动技术革命的叠加因素，2008 年的金融危机重塑了全球产业链与科技创新格局。为应对经济衰退的冲击，各国积极探索并实施提升自主创新能力的科技政策。例如，2009 年美国出台了《美国国家创新战略》以恢复经济的可持续发展，并通过此项战略再次提升了其国际竞争力；欧洲各国制定了一系列科技创新政策，增强了欧盟成员国的创新优势。由此可见，科学技术政策在提高自主创新水平方面具有举足轻重的作用。在创新驱动发展背景下，我国在国家发展战略层面对科技创新给予高度重视。2006 年发布的《国家中长期科学和技术发展规划纲要（2006—2020年）》，标志着我国把自主创新上升为国家战略，确定了以提升自主创新能力为核心的科技创新发展政策基础[①]。特别是党的十七大报告明确提出的"提高自主创新能力，建设创新型国家"。此后，党的十八大提出了"科技创新是提高社会生产力和综合国力的战略支撑"，并强调实施创新驱动发展战略；党的十九大提出了"创新是引领发展的第一动力"；党的十九届五中全会明确"把科技自立自强作为国家发展的战略支撑"。此外，

---

① 数据来源：《国家中长期科学和技术发展规划纲要（2006—2020 年）》。

2018 年，习近平总书记视察武汉东湖高新区时指出：“核心技术、关键技术、国之重器必须立足于自身”。2022 年党的二十大提出了“一些关键核心技术实现突破，战略性新兴产业发展壮大”。由此可见，党中央根据国家每个发展阶段的特征对提高自主创新能力进行了一系列战略部署，不仅体现了中国经济发展不同阶段的特点，也反映了科技创新政策在经济发展过程中的地位不断提升。

（二）目标定位

自创区作为国家高新技术产业开发区的升级版和新阶段，主要目标是着力实施创新引领战略，实现技术创新领先，致力于完善科技创新体制机制，推进自主创新，加快高新技术产业的发展。自创区是我国目前最高级别的科创园区（周洪宇，2015）。科技部提出，创建自创区对于我国科技创新体系和制度体系的健全，促进战略性新兴产业的发展，推动创新驱动发展战略的实施，加快经济发展模式转变，具有重要的引领与辐射作用。2009 年，我国首家自创区——中关村成立，其通过提供多主体合作的科创平台、产学研联结、企业间科创合作等方式，为创新主体间的技术合作提供了良好的示范效应，有效推动了科技创新成果的产业化进程（辜胜阻和王敏，2011）。自创区试点政策主要包含股权和分红激励政策、收益权政策、创新税收优惠政策、科技金融政策、创新人才政策等多种内容（郭戎等，2013）。与其他区域性产业政策有所不同，国家为了提高企业自主创新能力，促进经济结构的转型升级，推动高新技术行业的先行先试，并在此过程中探索自主创新发展的经验，从而制定了自创区政策。随着一系列政策在自创区先行先试，科技体制机制改革方面取得显著成效，这些成功的政策措施正逐步在全国推广。《国家创新驱动发展战略纲要》提出了创新驱动发展的战略目标，即分三步走：2020 年进入创新型国家行列，2030年跻身创新型国家前列，并在 2050 年建成世界科技创新强国。作为国家创新体系的重要组成部分，自创区承担着创新、引领、带动区域、科创平台和企业创新能力的重任。因此，在实现创新驱动三步战略目标的过程中，自创区的作用不容小觑。

（三）角色定位

随着各国参与全球科技创新的程度不断加深，科技创新竞合关系日趋复杂，致使影响企业自主创新的外部环境不确定性不断增强，而自主创新能力是提升一国核心竞争能力的关键因素。因此，在我国经济社会的可持续发展与国家间的竞合关系中，我国企业的自主创新将扮演越来越重要的角色。自创区作为高新技术开发区的升级版，通过体制机制创新和政策先行先试两种方式，有效集聚人才、知识、设施等核心创新要素，并且在建设创新引领区、创新创业的生态区、新产业新业态聚集区等方面发挥重要作用。通过解读自创区的角色定位，可知自创区既要激发区域创新活力，形成区域性科创网络，还承担着提升高新技术企业自主创新能力，推动我国创新机制由集成创新、模仿创新向自主创新的转型的重大使命（张威奕，2016）。自创区在发挥政策效应时需要兼顾集聚关键创新资源，降低企业研发成本，促进技术、数据、人才、资本等创新要素的跨区域流动与共享，从而进一步提升创新资源的利用效率。总体而言，自创区的建设对于我国推进创新驱动发展战略和建设创新型国家起到了积极的推动作用。

本书的研究从战略定位、目标定位、角色定位三大定位对自创区政策进行了梳理，其目的在于全方位分析自创区科创网络的发展现状与基本特征，探索自创区政策扶持下形成的区域性科创网络如何促进科创人才、科创资金、科创设备等多样化网络外部资源的聚集与共享，降低研发成本，强化企业自主创新能力。本书认为，自创区科创网络具有明显的集群效应和同群效应优势，且以政府引导和市场主导推动区域科技资源共享。

二、现实背景

在政策背景分析中，本书的研究围绕战略定位、目标定位、角色定位三大定位，对以自创区为背景的科创网络政策进行了全方位分析。自创区政策的三大定位有利于丰富企业自主创新的外部网络资源。在日益激烈的市场竞争中，除了自创区政策的支持外，企业自身对创新发展的重视有利于其获取竞争优势。在高质量发展的背景下，随着高新技术的迭代式发展和市场不确定性的不断增加，企业仅仅依靠内部资源进行封闭式创新已不再符合时代发展的要求。因此，企业需要秉持一种开放态度，积极从外部网络中寻求科创人才、科创技术、科创资金、科创设备等互补性资源来提升自身的核心竞争力。企业应以自主创新为前提，在进行合作的过程中充分利用外部知识和资源，从而达到降低创新研发成本的目的，提高企业的创新绩效。企业创新绩效是企业提出并执行与可持续发展相适应的创新计划，所取得的经济、科技、社会等方面的效益和成果。它既是国家创新能力的一个重要指标，又是影响经济发展的一个关键要素（郑春美和李佩，2015）。一方面，随着科创网络关系的发展，企业会加大研发投入，从而提高企业的创新绩效；另一方面，科创网络的扩大可能会导致部分企业盲目增加研发投入，阻碍企业获取核心竞争力，还会不可避免地提高企业的技术创新成本，最终导致企业的技术创新和技术转化效率呈现下降趋势。因此，本书的研究认为，理清科创网络发展现实情况，需要对我国企业创新投入、创新产出、创新成果转化作进一步梳理。

（一）科技创新投入逐年上升

改革开放以来，我国的技术创新经历了四个发展阶段，分别为技术引进与模仿、开放市场招商、二次集成创新和自主协同创新（谢家平 等，2019）。当前，我国已进入建设创新型国家的关键时期，提升自主创新能力需要通过提高创新效率和加快创新成果转化来实现。在建设创新型国家的进程中，技术创新投入是促进技术创新和可持续发展的重要因素。国家统计局、科技部和财政部联合公布的《2021 年全国科技经费投入统计公报》显示，2021 年我国 R&D 经费 27 956.3 亿元，同比增长 14.6%。国家基础研究经费 1 817.0 亿元，同比增长 23.9%，在 R&D 资金中占比 6.5%。

根据国家统计局数据①，2012—2022 年这十年期间，全国规模以上工业企业（简称"规上企业"）的 R&D 经费支出从 7 000 亿元增至近 20 000 亿元，规上企业 R&D 支出占主营业务收入比重从 2012 年的 0.8% 上升为 2022 年的 1.4%（如图 1.1 所示），这些数据说明规上企业对科技创新的重视程度不断提高，其科技创新投入呈现持续增长的趋势。

---

① 数据来源：国家统计局网站，http://www.stats.gov.cn/。

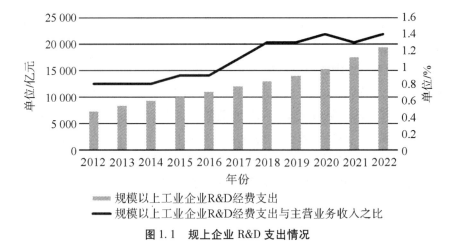

图 1.1 规上企业 R&D 支出情况

（二）科技创新产出成果逐年增加

科技创新产出成果是科技成果转化为生产力的重要环节。科技创新产出成果的数量与质量是衡量一个国家科学技术发展水平和综合国力的重要指标，也是政府政策制定、企业创新决策的重要依据。根据专利的实际用途，专利具体包括发明、实用新型和外观设计三种类型，它可以衡量具有自主知识产权的研发与设计成果的状况（张杰 等，2016）。在市场经济条件下，我国的专利技术在企业长期发展运营和参与市场竞争中的作用越来越大。具体而言，2012 年至 2020 年间，我国规模以上工业企业年专利申请数从 20 189 件上升为 25 147 件，增加了 24.56%；规模以上企业年发明专利申请数从 10 318 件增至 13 078 件，增加了 26.75%（如图 1.2 所示）。这些数据说明企业在科技创新活动中保持着良好的活跃度。

图 1.2 规模以上工业企业发明专利申请数及专利申请数

（三）科技创新转化绩效逐年下降

企业作为创新的重要载体，在建设创新型国家中扮演着重要的角色。如何利用外部网络资源和网络关系来丰富获取创新资源的渠道，使企业获取高质量的资源，提升企业创新绩效是非常重要的。然而，现阶段我国企业创新绩效不足的问题阻碍了其在全球产业链中获得更多话语权。在开放式创新环境中，企业面临激烈的市场竞争，若想在竞争中脱颖而出并满足市场多元化的需求，企业需要对来自创新网络内外部的资源进行整合和优化，进而提升其创新绩效（陈劲和阳银娟，2014）。

虽然我国每年创新成果转化为新产品的销售收入不断上升，并且在企业主营业务收入中的占比呈现增长趋势，但是企业进行科技创新更为关键的作用是推动产业的转型升级，实现自创区在国家创新链中位势的跨越，从而促进生产力的发展。然而，创新成果转化为经济效益的效果却不尽如人意。从 2012 年到 2020 年，规模以上工业企业的新产品销售收入、发明专利申请数以及 R&D 经费投入总体上呈现出增长趋势。其中，新产品销售收入在 2019 年达到最高点，2020 年略有下降，发明专利申请数在 2015 年出现下降趋势，但随后几年保持相对稳定；R&D 经费投入在 2019 年达到最高点，2020 年也有所下降。这表明企业在 2019 年加大了研发投入，推动了新产品的销售增长，但 2020 年可能受到外部因素影响，如全球经济环境变化，导致新产品销售收入和 R&D 经费投入略有下降（如图 1.3 所示）。

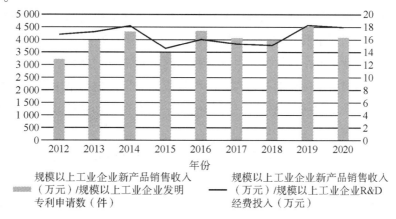

图 1.3　规上企业创新成果转化情况

上述数据表明我国科技成果转化效果尚待提升，2012 年至 2020 年的创新能力指标数据显示，创新绩效并没有创造更多经济价值，还呈现波动趋势。区域创新体系是我国创新体系的重要组成部分，是区域经济增长和科技发展的重要基础。2009 年，国务院批准设立了自创区，促进了区域性科创网络的形成，为企业通过网络关系获取创新资源，进而提升创新成果提供了政策基础。因此，在科创成果提升过程中，丰富创新绩效的作用路径成为推动我国科创发展的重要驱动力。综上所述，本书的研究拟以各地区所建立的自创区为现实情景，以自创区试点政策作为科创网络建立和扩大的驱动力，以科创网络及其效应为研究的立足点，以科创平台、企业、企业群落作为研究对象，以科创平台、企业、企业群落的创新绩效提升为研究目标，探讨在自创区的示范作用下，科创网络的建立和扩大以及由此形成的科创网络效应，对科创平台、企业、企业群落创新绩效提升的内在机理。本书重点围绕如下问题展开：

①自创区的科创网络形成建构机理有哪些？科创网络建构之后存在哪些网络效应？科创网络建构、科创网络效应及创新绩效之间存在何种作用机理？

②在中观科创平台层面，科创平台目标定位通过何种机制影响科创平台网络协调效应？建构逻辑和转型逻辑起什么样的中介作用？市场主导和政府引导如何调节科创平台目标定位与建构逻辑、转型逻辑之间的关系？

③在宏观企业群落层面，如果自创区政策的设立可以促进企业群落的创新绩效，那么具体通过何种中介机制来影响企业群落创新绩效？自创区所在城市科创网络的异质性如何影响企业群落创新绩效？

④在微观企业个体层面，自创区科创网络对企业创新绩效有什么样的作用？科创网络中的企业是否存在同群效应？如果科创网络中企业存在同群效应，那么科创网络通过什么样的机制来影响企业创新绩效？科创网络中企业同群效应是否存在异质性？

为了更好地解决上述问题，首先，本书在分析相关文献与扎根研究的基础上，围绕自创区情景下科创网络及其效应的形成机理，挖掘其影响企业和企业群落创新绩效的关键因素，并分析各因素之间的关系，由此搭建理论分析框架，为企业、企业群落创新绩效的提升提供理论支持；其次，揭示科创平台目标定位与科创平台网络协调效应之间的关系，提出建构逻辑和转型逻辑的中介作用，引入市场主导、政府引导的调节效应；再次，在宏观层面验证自创区情景下科创网络及其效应的作用机理，通过运用多期双重差分法，实证研究自创区政策对企业群落创新绩效的影响效应，在此基础上，通过对科创网络的宏观环境进行异质性分析，揭示科创网络异质性如何对企业群落创新绩效产生影响；最后，在微观企业层面，探讨自创区科创网络与企业创新绩效之间的关系，验证同群效应的存在性，并揭秘提升创新绩效的"黑箱"，从而完成对企业创新绩效提升机理的分析研究。

第二节　研究目的和研究意义

一、研究目的

国家倡导科技进步，实施科技强国战略，旨在促进可持续的科技创新。如何借助科技创新促进经济可持续发展是值得研究的课题。随着市场环境不确定性的不断增加，企业单凭自身力量难以在激烈的市场竞争中生存并脱颖而出。因此，充分利用科创网络对企业的生存和发展有重要意义。科创网络将企业、科研机构、中介机构、金融机构等创新主体聚集在一起，为提升创新绩效提供有利条件。企业只有充分利用科创网络资源，整合内部资源和外部资源，才能有效降低自身研发成本，以期在激烈的市场竞争环境中实现生存与发展。自创区的设立为科创网络的形成与发展提供了政策支持与科创资源，我们需要挖掘科创网络与创新绩效提升之间的作用机理。基于此，本书的研究目的如下：

第一，通过扎根理论分析，理清自创区科创网络形成的逻辑，挖掘自创区科创网络建构之后所形成的网络效应和科创网络绩效的度量标准；探索科创网络建构、科创网络效应及其绩效之间的作用机理，为后续研究提供理论基础。

第二，整合建构逻辑和转型逻辑对科创平台网络协调效应的影响，并系统分析两者对科创平台网络协调效应的影响差异，提出转型逻辑有利于增强科创平台目标定位与科创平台网络协调效应之间的关系的假设。在此基础上，分别引入市场主导、政府引导的调节效应，以深入探究其影响机制。

第三，基于集群效应理论，采用中国2006—2018年283个地级市的面板数据，验证中国自创区政策的设立对企业群落创新绩效的影响及其作用机制，并以政策试点城市为例，从科创网络外部环境的异质性（包括数字化程度、市场化水平、政府服务效率、区域发展水平）出发，研究政策实施的效果。

第四，基于同群效应理论，探讨科创网络下同群效应对创新绩效的影响及具体作用机制，以及企业产权异质性对企业创新绩效的影响，为提升企业创新绩效提供理论基础。

第五，基于以上研究结论，分别从宏观企业群落、中观科创平台和微观企业层面，对科创网络的形成与发展，以及提升创新绩效的路径和相关边界条件提出政策建议。

二、研究意义

（一）理论意义

科创网络理论是社会网络理论的延伸。企业在创新发展过程中，需要嵌入特定的创新网络中，借助网络关系和网络结构获取关键创新资源，以提升企业创新绩效。自创区的设立为创新主体间的科研活动联结提供了实体性的样板。它不仅提供了科创成果产业化的示范，更为产学研和企业之间的科创活动联结提供了示范。创新主体之间科创活动有形和无形联结的总和，均可称为科创网络。虽然大部分文献从创新理论上肯定科创网络和企业创新绩效的关系，但这些研究主要聚焦在网络嵌入和网络关系视角，对自创区科创网络具体的影响机制尚未进行深入探讨。本书的研究具有如下理论意义：

第一，揭示科创网络及其效应的形成与建构，以及其对企业和企业群落创新产生影响的内部机制，进而探索提升创新绩效的有效路径。目前，自创区政策质性的相关研究多集中于对自创区科技创新政策的评价，而基于科创网络视角的扎根研究尚显不足。本书通过文献梳理和归纳总结，采用扎根理论和实证分析相结合的方法，剖析影响创新绩效的关键因素，揭示自创区通过科创网络效应提升创新绩效的作用机理。

第二，揭示科创平台目标定位与科创平台网络协调效应之间的关系，并提出建构逻辑和转型逻辑的中介机制，同时引入市场主导和政府引导的调节作用，为提升科创平台网络协调效应提供理论基础。

第三，现有研究较少探讨自创区情景下科创网络通过何种机制影响企业群落创新绩效。科创网络所在城市在数字化水平、市场化水平、政府服务效率、区域发展水平方面的异质性值得进一步探讨。因此，本书提出自创区科创网络的集群效应与共享效应，并研究其对企业群落创新绩效产生的影响，从而丰富拓展现有的创新管理研究理论。

第四，基于同群效应理论，研究自创区科创网络中的同群效应对企业创新绩效的影响，并刻画同群效应、R&D 经费强度和 R&D 人员占比对企业创新绩效的作用机制，以及同群效应对于不同所有制企业创新绩效方面存在的异质性。该研究为理解自创区科创网络同群效应、提升企业创新绩效提供了理论基础。

（二）实践意义

我国要想在 2035 年跻身创新型国家的前列，就必须坚定实施创新驱动发展战略。在自主创新发展阶段，作为建设创新型国家和国家创新体系的重要载体，自创区承载着推进自主创新和高新技术产业发展的经验探索及示范引领任务。国务院发布的 2021 年《政府工作报告》强调"支持有条件的地方建设国际和区域科技创新中心，增强国家自主创新示范区等带动作用"的目标任务。因此，借助构建自创区政策与加强科创网络提升企业和企业群落的创新绩效，不该仅局限于理论研究层面。本书的研究旨在理清科创网络建构、科创网络效应、科创网络创新绩效之间的关系，为宏观企业群落创新绩效、中观科创平台网络协调效应、微观企业创新绩效的提升提供指导意见。本书的研究具有如下实践价值：

第一，探索科创网络形成、科创网络效应，以及绩效间的作用机制，为自创区情景下科创网络的建构提供有效的实践路径，也为实现创新驱动发展目标、提升创新绩效提供相关政策建议。

第二，揭示科创平台目标定位与科创平台网络协调效应之间的关系。科创平台企业通过展现建构逻辑（商业逻辑和社会逻辑）与转型逻辑（数字能力和迭代能力）来提升创新能力；同时，充分发挥市场对资源的配置作用，以及政府对平台发展的政策引导作用，来实现科创平台网络的协调发展。

第三，以自创区的设立为契机，分析自创区政策影响企业群落创新绩效的内在机制，并从数字化水平、市场化程度、政府服务效率、区域发展水平等角度探讨科创网络的环境异质性对企业群落创新绩效的影响因素及机理，对企业群落创新绩效的提升进行完善，为创建有利于自主创新的科创环境提供可行的政策建议。

第四，在自创区的设立背景下，分析自创区政策对企业创新绩效的影响，并提出科创网络同群效应、R&D 经费投入和 R&D 人员投入中介效应对企业创新绩效的影响机理，为企业创新绩效的提升提供实践指导。

第三节　研究内容

一、研究设计

第一，本书运用扎根理论对政策文件和访谈记录文本等素材进行编码及关系梳理，搭建了一个科创网络提升创新绩效的理论研究框架，为后续研究与分析奠定基础。本书主要运用扎根理论方法，提炼出科创网络对创新绩效的 12 个影响因素，即社会逻辑、商业逻辑、数字赋能、转型逻辑、资源集聚、共享效应、学习效应、激励约束、创新绩效、创新能力、产业实践和创新政策。以此为基础，本书搭建科创网络建构要素、科创网络效应要素、科创平台运营要素三大要素。本书的研究结论为后续研究提供理论基础。首先，在中观层面提出科创平台目标定位与科创平台网络效应之间的关系，通过建构逻辑（社会逻辑和商业逻辑）、转型逻辑的中介机制来达成科创平台网络协调效应；其次，在宏观层面梳理了国家自创区的设立对企业群落创新绩效的作用，提出了通过科创网络的集群效应和共享效应来提升企业群落创新绩效；最后，在微观层面提出了自创区科创网络通过同群效应来影响企业创新绩效。

第二，梳理科创平台目标定位对科创平台网络协调效应的作用机理，构建包含建构逻辑的中介作用和转型逻辑的中介作用的构念模型，发现结合建构逻辑和转型逻辑有利于提升科创平台网络协调效应及科创平台的可持续发展。同时，引入市场主导和政府引导的调节效应，探讨市场资源配置与政府政策引导之间的关系。在中观层面，本书的研究验证了科创平台网络协调效应，为后续研究提供了理论基础。

第三，在宏观研究层面，立足自创区政策设立视角，收集整理了我国283个地级市2009—2018年的面板数据，采用双重差分法探讨了自创区的设立对企业群落创新绩效的影响，以及集群效应和共享效应的作用机制。

第四，基于宏观政策分析，进一步讨论在微观企业层面，自创区政策对企业创新绩效的影响，揭示同群效应、R&D经费投入强度和R&D人员占比对企业创新绩效影响的作用机制。本书的研究技术路线如图1.4所示。

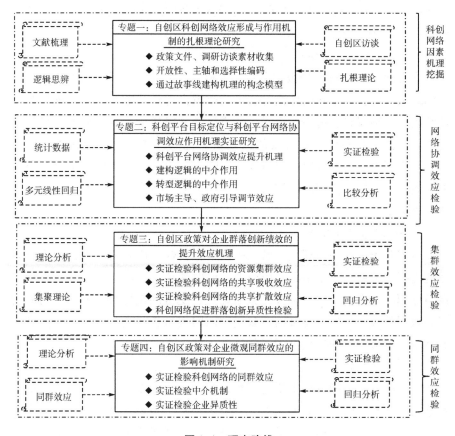

图1.4 研究路线

二、研究方法

本书的研究立足科创网络理论、集群效应理论与同群效应理论的相关成果，综合采用文献分析与调研访谈相结合、理论研究与实证研究相结合、扎根研究与问卷调查相结合、定性分析与定量研究相结合等研究方法，对科创网络的建构、网络效应、创新绩效的影响要素及其关系机制进行了研究，从而保证了研究的科学性、严谨性，以及研究结果的信度和效度。

（一）文献分析法

本书围绕科创网络相关文献进行了系统性梳理，分别对科创网络理论、集群效应理论、同群效应理论进行综述；同时对科创网络相关研究、科创网络效应机制研究、科创平台相关研究、创新绩效相关研究进行了梳理，总结归纳现有研究的贡献与不足，为本书的研究提供了理论上的支撑。

（二）政策文本与访谈相结合

本书利用 Python 软件收集北京中关村、上海张江、武汉东湖三地自创区的政策文件，采用扎根理论对收集的政策文件进行贴标签，并进行开放性编码、主轴编码、选择性编码，形成科创网络建构要素、科创网络效应要素、科创网络平台运营要素的三大核心范畴，并进一步细化为建构逻辑、升级逻辑、集群效应、同群效应、创新行为和创新环境六个核心范畴的下属维度，探寻科创网络创新绩效影响因素，为构建理论框架提供了重要的理论基础。

（三）问卷实证分析

本书基于科创网络理论，研究科创平台目标定位与科创平台网络协调效应之间的关系，提出中介效应模型，同时考虑了市场主导、政府引导的调节作用。研究主要包括调查对象的确定、变量的设置与测度、问卷的设计和数据的收集分析，通过构建多层次回归模型进行实证分析，对具有中介变量和调节变量的模型进行回归分析，以验证研究假设。

（四）计量模型方法

本书的计量模型方法主要有两种，第一，双重差分政策分析法。本书基于自创区政策的"准自然实验"，收集整理了 2006—2018 年中国 283 个地级市的面板数据，运用双重差分法研究了自创区政策对企业群落创新绩效的影响及其作用机制。同时，本书的研究基于多期双重差分法，结合平行趋势检验、安慰剂检验、PSM-DID 等多种稳健性检验，使得到的研究结论更为严谨。第二，泊松回归计量模型方法。本书在微观企业层面收集整理了自创区内上市企业 2010—2020 年的面板数据，构建泊松回归面板模型，探究自创区科创网络对企业创新绩效的影响，并探究其作用机制。

三、结构安排

结合拟解决的研究问题和研究设计的相关内容，本书分为以下七个章节。

第一章，绪论。本章以自创区政策的设立为背景，提出了聚焦企业创新绩效的研究问题，介绍了本书的研究目的与意义、技术路线、研究方法、结构安排及创新之处。

第二章，相关理论与文献综述。本章对科创网络理论、集群效应理论、同群效应理论等相关理论进行了系统的分析梳理，总结了理论发展的脉络和现状，从中发现目前研究成果中的不足，为本书的研究找到理论切入点，在此基础上对本书研究涉及的主要概念和理论进行界定与说明，为后续的理论分析和实证模型奠定基础。

第三章，自创区科创网络效应机制的扎根理论研究。本章运用严密的程序化扎根方法，以大量政策文件为数据基础，挖掘科创网络建构、科创网络效应及其绩效间作用机制的 12 个关键因素，包括社会逻辑、商业逻辑、数字赋能、转型逻辑、资源集聚、共享效应、学习效应、激励约束、创新绩效、创新能力、产业实践、创新政策，为后续研究提供重要的理论支撑。

第四章，科创平台目标定位与网络协调效应机理。本章基于第三章扎根分析结果，从资源集聚、共享效应、学习效应、激励约束、创新绩效、创新能力、产业实践 7 个微观影响因素，构建科创平台网络协调效应提升构念模型。基于文献梳理与扎根分析，经过严谨的逻辑思辨，本章提出科创平台目标定位与科创平台网络协调效应之间的构念模型与研究假设，引入建构逻辑和转型逻辑的中介机制，通过实证检验发现，科创平台目标定位正向促进科创平台网络协调效应，且通过社会逻辑和转型逻辑提升科创平台网络协调效应。

第五章，自创区科创企业群落创新绩效提升机理研究。本章基于第四章社会逻辑和转型逻辑的协调效应，分析自创区政策的设立与企业群落创新绩效；基于自创区政策的"准自然实验"，收集整理 2006—2018 年中国 283 个地级市的面板数据，运用双重差分法研究自创区政策对企业群落创新绩效的影响及其作用机制；同时，围绕数字化水平、政府服务水平、市场化程度进行异质性分析，在创新驱动发展战略背景下，为实施自创区政策、发挥科创网络的共享效应提供借鉴与指导。

第六章，自创区科创企业创新绩效提升机理研究。本章基于上市公司 2010—2020 年的微观数据，从同群效应视角出发，分析了自创区科创网络对企业创新绩效的影响；在此基础上，通过异质性分析和稳健性检验，进一步提高了研究结论的严谨性。

第七章，研究结论与未来展望。本章总结研究结论，并根据自创区政策文件的扎根分析、科创平台目标定位与科创平台网络协调效应的实证分析、自创区科创网络与企业群落创新绩效实证分析、同群效应与企业创新绩效实证分析，提出了提高创新绩效的政策建议；展现本研究的理论贡献与实践指导意义，同时归纳研究中存在的局限，以及今后的研究方向。

四、创新之处

以往科创网络相关研究主要从资源需求、知识流动、共享和转移、外部环境的竞争性等方面，探讨科创网络形成的机理，较少从整体视角来分析科创网络建构、科创网络效应和科创平台运营要素之间的关系。同时，对于科创网络在企业群落中的作用，以及对企业创新绩效的作用没有进行深入研究。因此，基于上述研究内容，本书的创新之处可以细分为以下三个方面：

第一，本书的主要贡献在于通过扎根理论提炼出科创网络作用机制的主次范畴，并理清它们之间的"故事线"，首次提出了科创网络对创新绩效作用机制的分析结构，从全局视角对科创网络进行分析，构建了包含科创网络建构要素、科创网络效应要素和科创平台运营要素的多层次理论框架，也为剖析在科创网络中如何抓住关键因素，提升创新绩效提供了充分的前期理论研究基础。本书的研究依据扎根研究挖掘的创新绩效影响要素，通过实证研究探寻出一条提升科创平台网络协调效应的路径，为有效管理科创平台的创新活动提供了实践指导。本书的研究利用 600 份来自科创平台以及平台成员的有效问卷，通过多层次回归分析方法得到一系列具有实践指导意义的研究结论。此外，本书首次引入科创平台运行的建构逻辑和转型逻辑来丰富科创平台网络相关研究，同时，引入了市场主导和政府引导的调节效应。强化科创平台目标定位是提高平台网络绩效的基础，而充分展示平台的建构逻辑和转型逻辑可以有效提高创新资源的利用效率，进而实现绩效提升。

第二，本书从自创区政策设立的角度，收集了我国 283 个地级市

2009—2018 年的面板数据，采用双重差分法探讨了自创区的设立对企业群落创新绩效的影响及其作用机制。在理论分析的基础上，本书提出了集群效应与共享效应的概念，研究发现自创区通过创新共享效应来实现城市创新资源的跨区域自由流动，促进了城市科创资源共享，即通过创新共享的吸收效应和扩散效应提升了企业群落创新绩效。同时，本书围绕数字化水平、政府服务水平、市场化程度、区域发展水平进行了异质性分析，进一步丰富了研究内容。

第三，本书通过上市公司微观企业数据，深入分析了科创网络中自创区科创网络对企业创新绩效的影响。在此基础上，本书引入了同群效应、R&D 经费投入和 R&D 人员投入的中介效应模型，揭示了科创网络具体的作用机制，提出了科创网络同群企业产权性质的异质性，从而为理解企业创新战略的制定与落实提供了较为充分的证据。

第二章　相关理论与文献综述

在第一章的论述中，已经明确了研究对象是科创网络。主要的研究内容可以概括为：在自创区情景中，科创网络如何在网络嵌入环境下提升创新绩效。在展开分析之前，笔者在大量文献阅读和逻辑思辨的基础上，对本书涉及的一些重要理论、概念进行界定，并对相关研究成果进行系统性的梳理，包括创新管理相关理论、科创网络、集群效应与同群效应、科创网络形成机理、科创网络效应机制、科创平台、创新绩效等。

第一节　创新管理相关理论

一、创新的概念及内涵

随着知识经济时代的来临，在整个经济和社会发展中，创新已成为一个重要的主题，创新管理也越来越受到各界的重视。在创新管理领域，企业创新强调生产要素、生产条件和生产组织的重新组合，包含组织创新、管理创新、技术创新、制度创新，以建立创新效益更好、资源配置效率更高的新生产体系（Malerba & McKelvey, 2020）。创新是指生产实践中对生产条件和要素进行重组，并在科研活动和生产活动的过程中积累创新知识和创新经验，提升技能，从而取得显著的经济效益，或具有潜在的、长远的经济效益（Sydow et al., 2009）。创新是以企业为创新主体，围绕技术开发而进行的网络化组织活动，其发展过程伴随技术的进步和技术的产业化、网络化互动（支军和王忠辉，2007）。创新为经济增长和经济结构的优化带来核心动力，其本质是为企业提供相较于同行业、同市场企业，更多的"竞争优势"或"比较优势"（Thomas, 2018）。同时，技术创新与经济增长之间受技术差距、消化吸收能力等因素的影响，呈现非线性关系

（唐未兵 等，2014）。创新一般包含制造新产品、开辟新市场、获得原材料和新的供应商、形成新的组织形式五个方面（Edwards，2018）。从知识管理视角出发，依据显性知识和隐性知识两个维度，技术创新可以分为渐进式创新、构建型创新、模组型创新和根本型创新（Henderson & Clark，1990；Clark & Guy，1998；Lim & Fujimoto，2019）四种类型。技术创新包括产品创新、过程创新、市场创新、组织创新和制度创新等（Freeman，1987；Lundvall，1992；Freeman，2017）。创新具备特色性、风险性、回报性和时效性等基本特征（王景利，2022）。企业开展技术创新活动不仅受企业自身创新能力、创新动力、创新基础等内部因素的限制，还受企业外部资源因素的影响。创新管理理论为企业开展创新活动提供了理论基础，而科创网络理论则是在创新管理理论基础上演化与升级而来的。这两个理论共同构成了科创网络作用机制研究的理论基础。

二、创新网络组织类型

创新网络组织是一种具有明确的目标，由拥有独立决策能力的结点组成的，介于科层和市场中间的组织形态，其强调组织成员的合作、创新和共赢。（李维安，2014）。国内外学者围绕科创网络的宏观、中观、微观组成层面，将科创网络划分为三种类型：宏观层面科创网络的组织形态为企业群落，中观层面科创网络的组织形态为科创平台网络，微观层面科创网络的组织形态为企业创新网络。宏观科创网络企业群落是指那些集聚于邻近区域的，并在业务上具有关联的企业及有关联的机构（Poter，1998；Binz & Truffer，2017）。企业群落不仅是企业在特定区域数量上的集聚，更是由特定的内在联系形成的"共生网络"（刘娟和谢家平，2009）。在中观层面上，科创平台是由政府、企业、高校、科研机构等多个组织，以创新为目标开展协作，形成的一个较为稳定的网络，其成员都以有限理性为基础，具备利益最大化的运行逻辑（谢家平 等，2017）。在科创平台的网络化结构下，企业间的竞争与合作关系更加紧密，并且在协同创新的过程中，创新主体间将继续维持一种非线性的关系（万幼清 等，2014；Boudreau & Jeppesen，2015），这使得科创平台间的关系更加错综复杂，亟须对其进行协同和治理。科创平台网络包括产业园区、科技园、高新技术园区等不同类型的园区。微观企业创新网络是指以企业为创新主体构建的网络，注重在企业和合作伙伴之间搭建相互协作的联系，在价值链上实现资源与信息共享、优势互补的过程（刘学元 等，2016；鲁若愚 等，2021）。目前，创新组织类型分为宏观企业群落组织类型、中观科创平台网络类型和微观企业创新网络类型三种。基于此，本书将分别从宏观、中观和微观层面讨论科创网络的作用机理。

三、知识链管理

Smith（1776）最早提出了劳动分工理论，即将企业的生产过程看作是一系列以劳动分工为基础的链条。劳动分工理论为知识链管理理论奠定了基础。自此以后，Marshall（1890）将分工从企业内部扩展到了企业之间，并指出企业的分工合作在企业发展过程中起着至关重要的作用，这就是知识链理论的起源。随着知识在企业生产中的作用越来越重要，Powell（1999）从企业管理的视角出发，将知识链管理定义为，利用数据库管理信息系统，以企业知识创新、知识价值实现为目标，对知识进行组织、共享、交流和再生产的过程。企业作为创新核心主体，旨在实现知识共享与知识创造。知识链（knowledge chain）是指知识在参与创新活动的不同组织间流动所形成的链式结构（吴绍波和顾新，2009）。知识链具备不确定性、复杂性和动态性、价值增值性的特点，它的主体包括核心企业、高校、科研院所，以及供应商、经销商、顾客与其他企业同行（顾新 等，2006）。Spinello（1998）认为，知识链是指知识流在企业内部和外部经历传播、转移、整合和创新等过程，并在此基础上构成的一个知识网络的网链结构。郁义鸿（2003）认为，知识管理是指企业通过对内外知识进行有效管理，并通过知识获取、知识分享、知识创新、知识运用等方式来实现提升企业价值的目标。知识管理对企业的知识积累、创新与应用能力进行管理，进而提高企业的核心竞争能力和创新绩效（卢金荣和郭东强，2008）。而后来企业知识理论则提出，知识链管理是企业基于一系列商业运作，以满足市场的需要作为主导因素，以获得竞争优势作为关键目标，有效整合知识链和市场价值链，共同推进企业开展知识价值管理活动，包括知识集聚、知识共享等（李淑娟，2015）。知识管理具有知识获取、知识组织和知识应用等功能，其核心过程包含知识转移和共享、知识整合与创造等（余良如 等，2020）。随着数字经济的发展和信息化时代的到来，知识链管理理论涉及多个参与合作的主体，其中包括个人、团队和组织等。在这些主体之间，知识在不同主体之间流动会产生信息不对称问题，因此需要各主体之间积极沟通与协调（Hon，2022）。陶锐（2009）以知识增值为出发点，从知识获取与选择、知识加工与吸收、知识分享与转移、知识创新四个方面，对企业知识进行了研究。

在知识经济时代与数字化赋能转型背景下，知识链管理中的知识创新与知识共享成为企业提升市场竞争力的核心力量。

第二节　科创网络相关理论

一、科创网络理论

科创网络理论源于社会网络理论，后者是指社会个体成员间通过相互影响而形成的相对稳定的关系网络，这些关系网络以新的整体形式表现出新的特征（Mitchell，1969）。社会网络理论阐述了个体在网络中的行为和整体的系统性行为。Freeman（1991）最早提出科创网络的概念，他指出科创网络由系统性制度安排与合作关系组成，网络中创新主体和创新服务主体通过社会互动行为不断学习与进步，进而提升创新绩效。国内学者中，王大洲（2001）最早定义了企业创新网络的概念，他提出企业创新网络是一种以企业为中心的、正式或非正式的协作关系，它是企业在创新过程中所形成的一种网络化结构。科创网络的运行过程包含企业间的合作、交流与信息的交换，因此科创网络随着知识的创造、流动、转移以及溢出（鲁若愚 等，2021）。相关学者在初始概念的基础上，从不同理论视角对科创网络概念进行了诠释，进一步丰富与拓展了科创网络的内涵。他们主要从关系视角、组织视角、制度视角、系统视角、过程视角等维度诠释科创网络的基本内涵（岳振明和赵树宽，2020）。在关系视角下，科创网络是指参与主体间基于有序互动而形成的网络关系（Batterink et al.，2012；Hurmelinna et al.，2021），网络关系包含强关系与弱关系两种类型（Granovetter，1985）。在组织视角下，科创网络是指创新主体为了实现创新目的而组成的组织集体（Calia et al.，2007；Leminen et al.，2020）；科创网络是高新技术企业、研究所、创新服务机构和政府相关部门在特定区域集中所形成的网络体系（傅首清，2010），具有动态、开放、复杂、注重协同创新等特征（Funk，2014；孙林杰 等，2017），并且网络中的主体以契约、协议、社会关系的方式保持联结（余维新 等，2016）。在制度视角下，科创网络是为实现创新而进行制度安排的过程，制度是形成网络的基础（Freeman，1991）其中应特别。从系统视角来看，科创网络的分析涵盖了系统的整体性与参与主体之间的联结关系两个方面。这种分析方法强调了系统的各个组成部分如何相互配合以实现整体功能，同时突出了各主体之间相互作用和依赖的重要性（Koschatzky，2000；Sage et al.，2020）。在过程视角下，学者们主要考察科创网络中多主体之间的互动关系（Zhe-lyazkov，2018），多主体之间联结有利于集聚创新资源，进一步形成网络外部效应（谢家平 等，2019）。表 2.1 对创新网络研究中的概念或内涵描述进行了简单的汇总。

表 2.1　创新网络研究汇总

理论视角	概念内涵	代表作者
关系视角	创新网络是由企业、政府、大学等创新主体以创造与分享技术创新为目标而构建的复杂网络关系	Allen（2000）、Rycroft（2003）
	创新网络是企业与其他创新主体间形成的合作关系	Batterin et al.（2010）
组织视角	创新网络是指至少由三个创新项目连接形成的集体，企业可以利用互补性关系实现规模经济	Calia et al.（2007）
制度视角	市场和组织之间的一种生产组织形式，创新主体间同时具备强关系和弱关系的松散结构	Rampersad et al.（2010）Koschatzky（1999）
系统视角	创新网络是相对松散的、具备嵌入性的、可重新编排的、非正式的、相互关联的联系系统，有利于创新主体之间知识的交流	Dhanaraj & Parkhe（2006）、Shipilov et al.（2020）、谢家平等（2017）
	创新网络是以合作创新为目标，由企业所构成的一种系统，这种网络具备低密度、高中心性特征	
过程视角	创新网络是在进行创新过程中，通过与新的参与者建立关系，利用集体学习和异质性参与主体进行互动创新的过程	Batterink et al.（2020）
契约视角	合作活动一般基于契约安排形成创新网络，合作活动若超出契约限制或基于松散关系形成创新网络，则被称为非正式创新网络	Calia et al.（2007）
手段视角	创新网络可以描述为各种组织之间建立的一系列纵向和横向关系，被看作一种协调产业研究过程的手段	Cowan et al.（2009）

资料来源：基于岳振明和赵树宽（2020）的研究修改整理而得。

虽然学者们的分析视角不同，但都认同创新网络是进行创新活动的重要组成形式。加入创新网络有利于企业获取、整合和利用关键创新资源（Kumar & Zaheer，2019），并通过交流、合作等方式不断提高企业的技术创新能力。在本书中，科创网络被定义为以创新为目的的网络组织，旨在解决由制度创新过程中外部条件变化带来的不确定性和组织间资源稀缺导致的创新能力不足等问题。科创网络的建立可以实现组织间的资源互补，连接不同的交易主体。本文在已有研究的基础上，进一步界定了科创网络的基本特征：①资源优势互补性。借助科创网络，企业可以分别建立横向和纵向的合作关系，对互补性资源进行整合。②多种合作关系的集合性。科创网络作为一种社会组织，涵盖了各种特征的创新主体，因此也包含了多种合作模式；③合作关系的多阶段、多层次性。科创网络既可以是为完成特定的创新任务而形成的网络组织，也可以是为完成技术创新目标而建立的合作关系。④合作目标的多元性。借助科创网络可以完成多个创新目标，也可以完成单个创新目标，创新网络不会因为目标的数量而出现或消失。

二、集群效应理论

集群效应是指在特定的资源条件下，以持续产生创新活动为基础，在知识和技术的扩散作用下发生的集聚现象（Hamdouch，2007）。科创网络下的集群效应主要体现在人才集聚与知识集聚两个方面。科创网络集群效应体现为人才和知识等创新要素的流动。企业只有对以人才为核心的创新要素进行优化配置，在人才集聚中实现知识共享、集体学习和技术溢出，才能增强创新能力、改善创新绩效（解学梅和左蕾蕾，2013）。科创网络中的各组织由于自身的知识互补与异构特性，在创新过程中发挥着不同的作用。科创网络中的各个组织通过竞争对手、供应商与客户等获取异质性和新颖性知识，与此同时，它们也通过企业之间正式的与非正式的交互学习，实现知识的融合与重新组合，与研发、制造、市场开发等活动紧密相连，从而产生知识溢出效应（白俊红 等，2017）。集群效应是实现资源优化配置的前提条件，可以产生"1+1>2"的效果。企业创新的本质是知识的不断积累、沉淀和创造。组织创新能力的提升是集群效应的直观表达（Coombs，2007）。新知识的产生以分享为基础。然而，科创网络以知识创新为导向、以知识跨越为特征、以知识共享为常态，因此，其在隐性知识分享方面更具备优势（王雷和党兴华，2008）。在科创网络中，企业之间形成了一种相互信任的关系，并与外界形成了一种网络关系，关系能够促进企业之间的知识扩散与吸纳，有利于提升企业的创新绩效（彭英 等，2022）。

知识共享有利于新技术、新方法、新产品的产生，从而为企业提供创新源动力（路琳和梁学玲，2009）。吴悦和顾新（2012）发现，科创网络更有利于创新主体进行知识分享；创新绩效的提升作用源于知识在合作过程中提高了知识分享效率，降低了研发成本、交易成本和创新不确定性。由此可见，科创网络已成为企业获取关键资源的网络形态。然而，科创网络如何推动企业创新、提升企业创新绩效，很大程度上取决于科创网络所形成的人才聚集、知识共享等因素对创新的影响程度。基于以上分析可知，科创网络下的集群效应对企业创新绩效有重要影响。

三、同群效应理论

"同群效应"的概念源于社会学领域的个体行为研究，指在特定群体中，单个个体的行为会受到其他个体行为的影响，进而调整或改变自己的行为决策，最终产生不同的行为结果（Manski，2000）。在社会科学各领域，基于"同群效应"做了大量的研究，这一理论又被称作"同伴效应"（罗福凯 等，2018）。Winston 和 Zimmerman（2004）指出，当人们的行动和决策受到身边其他人的影响时，我们就可以认定同群效应的存在。创新主体的决策不仅受自身经济利益的影响，同时也受所在环境中其他创新主体的影响，从而形成群体的隐性规范。同群效应是科创网络中不同群体之间通过社会联系而形成的互动过程，群体中特定的创新主体的行为及结果会对同群者的创新行为及结果带来影响（冯戈坚和王建琼，2019）。企业的创新过程具有社会属性，其行为结果具有外溢性。一方面，科创网络作为交流信息和学习知识的平台，企业的行为偏好或决策往往会受到科创网络中其他企业的影响（段思齐 等，2017）。Delay（2016）指出，同群中的个体之间存在着交互作用，个体的态度、观点或行为会随着群体中个体之间的交互作用而发生变化，导致同群中个体之间的行为产生趋同现象。与此同时，当前的经济形态越来越多样化，技术变革的步伐也越来越快，不同企业间有着不同的信息来源，不是每个企业都可以在第一时间获得有关创新变革方向、投资机会以及产业变化等方面的重要资讯。如果企业无法突破获得信息的壁垒，那么企业研发成本就会增加。在此背景下，为了减少信息不对称导致的收益亏损，企业会根据自己的实际情况，关注同群中其他企业的决策，并据此做出相应的创新决策（刘静和王克敏，2018）。另一方面，同群效应的激励机制对企业创新绩效也会产生一定的影响。在科创网络中，由于部分企业创新能力较弱，在市场中缺乏竞争力，从而会产生更强的"学习动机"和"声誉动机"（彭镇 等，2020），进而对同群企业的创新行为产生影响。在组织学习中，知识获取是一个非常关键的环节（Huber，2019）。不同类型的企业之间存在着不同程度的相互替代关系。对于企业而言，进行历史经验的归纳总结是其最主要的内部学习形式，而随着企业自身知识的积累，其内部知识在某种意义上可以被外部知识所取代。创新绩效更好的企业，往往具有更强的技术创新能力，可以替代部分外部学习，因而其通过学习其他企业来提高创新绩效水平的动机相对较弱。当企业的技术创新能力较弱时，则会对企业外部知识产生更大的依赖。此外，根据代理理论，为维护企业声誉，企业有动机进行不低于同群企业平均水平的创新实践（Kräkel，2016）。因此，科创网络中核心企业更可能引领创新能力不足的中小企业进行技术合作。作为社会网络关系中比较特殊的社会关系，科创网络企业在制度经营决策时更有可能受到同群企业的影响（冯戈坚和王建琼，2019）。以上分析表明，科创网络下的同群效应，会通过组织学习与激励机制来提高企业创新绩效。

第三节　科创网络文献综述

一、科创网络形成机理

国内外学者主要从资源、知识、环境的视角展开对科创网络形成机理的研究。

（一）资源需求视角

李雯和解佳龙（2017）认为创新主体的资源异质性促进了科创网络的形成。Dedeurwaerdere 等（2018）提出创新群体的社会资源偏好影响科创网络的形成。谢家平等（2022）认为各创新主体可以通过科创网络获得异质性创新资源来满足自身的创新需求。由于创新资源的稀缺性，企业自身无法拥有创新所需要的所有关键资源，需要从外部网络寻求信息与资源，在网络化创新情景下依赖外部其他组织获取必要资源（Burt，2013）。具体而言，企业创新需要与供应商、中介机构、政府、客户、科研机构等外部组织取得联系，交换研发知识、信息和其他资源，从而获得可持续发展的机会（谢家平 等，2017）。科创网络中成员之间的关系是长期的，因此形成网络环境并从中获取创新资源非常关键。因此，企业、科研机构等创新主体基于自身的资源需求，为更方便地交换知识、人才、信息和技术等资源而形成科创网络。

（二）知识流动、共享和转移视角

李柏洲等（2022）认为科创网络是在知识创新主体间、知识创新主体与政府环境间的交互作用下形成的。曹兴等（2019）认为创新主体间的知识转移行为是科创网络形成的关键。Freeman（1991）将"科创网络"视为一个等价的概念，指出构建科创网络是实现系统性创新的一种制度安排。随着信息技术的发展，企业技术创新模式发生了巨大转变，而这种转变改变了整个经济系统的传统行为模式，最终促进了科创网络的形成（涂振洲和顾新，2013）。孔令丞等（2019）认为，科创网络是各层面的创新主体基于共同的科技创新目标，在互动与合作中形成的一种新型的网络组织形式。孔晓丹和张丹（2019）基于网络嵌入视角，以上海市高端装备制造业专利数据为研究样本，通过实证分析发现科创网络中的知识流动能够正向促进企业创新绩效，企业间的联系强度则可以正向调节主效应之间的关系。科创网络中创新主体的知识吸收能力、知识分享意愿、创新信息的刺激程度和知识权势等会对创新绩效产生正向促进作用（李柏洲 等，2022）。

（三）外部环境的竞争性视角

陈金丹等（2013）认为，创新主体寻求外部组织合作建立科创网络的目的是应对环境带来的不确定性。技术创新既是市场竞争的结果，也是政府干预下的产物（Sidhu，2014）。因此，部分学者关注政府在科创网络形成中的作用，如 Chaminade 和 Vang（2008）、于贵芳和温珂（2020）认为，政府作为创新体系中的一个节点，通过在创新体系中碎片化分布的企业、高校/研究所、中介机构和金融机构等创新主体和创新服务主体之间建立联结，促进了科创网络的形成；Mezias 和 Kuperman（2001）认为政府主要通过引导、资助等干预创新活动的方式促进科创网络的形成。此外，也有学者认为科创网络由组织内外部互动演化而来。如石乘齐（2019）提出，科创网络是由企业之间的知识协作与社会性交互演变而来，是企业内部的知识与社会性交互演变的结果。

二、科创网络效应机制

（一）人才集聚效应

人才作为关键的创新要素，其跨时空的流动将在特定区域产生聚集效应（孙红军 等，2021）。企业可以通过人才集聚实现知识共享、集体学习和技术溢出，从而提升创新能力、改善创新绩效（解学梅和左蕾蕾，2013）。Rosen（1983）提出，通过人际沟通和交互，可以形成知识的累积和增长，进而推动企业的创新。查成伟等（2015）提出，企业技术创新与人才的集聚具有紧密联系，是企业技术创新的一种有效方式和手段。在人才集聚过程中，不同层次的科创人才在知识积累、技能水平和教育背景上的差别，将引导高位势科技人才所具备的知识向低位势科技人才流动，实现新知识、新思想的扩散（孙红军 等，2021）。韩璐等（2021）提出，人才资源的聚集能够有效地缩短空间距离、加速企业内部的信息交换，并为企业创新能力提升带来新机遇。由市场资源分配机制产生的科技人才的集聚，可以在某种程度上提高高新技术产业的创新绩效，同时通过极化效应对关联产业的创新绩效产生抑制作用（宛群超 等，2021）。由此可见，人才集聚效应对提升企业创新绩效有积极的促进作用。

（二）知识集聚效应

知识集聚是指对现有知识进行再认知和沉淀的过程，可实现知识的迭代与溢出，同时考虑获得外部知识和自主创新知识两部分（王新华 等，2019）。于旭和郑子龙（2017）提出，知识集聚本质上是知识在空间上和时间上同步积累的过程。知识集聚的相关研究普遍认同知识的传播与创新有助于企业获取知识（Tallman et al.，2004），企业通过整合组织内外部资源，进而提升创新绩效。张钢和王宇峰（2010）对我国30个地区的知识集聚与区域创新发展水平之间的关系进行了实证分析，研究结果表明，知识集聚通过人才资源集聚、知识创造投入、知识成果产出、知识成果传播来显著提升区域创新水平。Chen等（2018）基于中国高科技产业的省级面板数据，将知识集聚阈值引入创新路径与创新绩效之间的非线性机制中，比较动态阈值效应及其异质性。研究结果表明，创新路径与创新绩效之间的关系受到知识集聚效应的显著正向影响。王新华等（2019）总结和分析了企业运用网络化组织推动知识有效集聚的方式，探讨了知识集聚与科创网络之间的关系。

（三）网络效应

Polanyi（1944）首次界定了"嵌入性"的基本内涵，从制度视角出发，提出"人类经济活动是嵌于经济与非经济制度中的"，为网络嵌入理论的发展奠定了坚实的基础。Uzzi（1996）提出，网络嵌入性是一种信息交换系统，网络组织内的企业相较于外部企业具有更强的竞争优势。在网络嵌入理论中，创新管理相关研究普遍认为关系嵌入与结构嵌入会对企业创新绩效产生影响（张方华，2010；魏江和徐蕾，2014）。具体而言，网络结构嵌入通过网络规模与网络中心度影响企业创新绩效，网络规模越大，创新主体所拥有的资源越丰富，网络结构嵌入促进资源在网络中的流动与共享，帮助企业获取有价值的知识资源，进而提升创新绩效（彭英 等，2022）。网络关系嵌入通过信息交换、知识共享、合作开放来促进企业创新效率的提升（周驷华和万国华，2017）。然而，当嵌入性超过一定阈值，会使企业容易受到外生冲击，或者使它们与网络之外的信息隔绝，从而降低企业创新绩效（Uzzi，1997）。Gulati 和 Sytch（2007）从网络嵌入性特征出发，通过研究联合依赖与制造商采购关系绩效之间的关系发现，联合依赖提高了制造商采购关系绩效，进而调节了企业间的协同程度与信息交换质量。Fleming 和 Waguespack（2007）提出，在开放式创新中，成员之间的紧密协作有助于形成高水平的信任关系，提高关键知识与信息的有效传播，进而提升了企业的创新绩效。Wang 和 Hu（2020）通过对中国 236 家企业进行调研发现，合作创新活动、知识共享、协作创新能力与创新绩效之间具有明显的正向关系。李雯和解佳龙（2017）研究了创新网络集聚效应下的网络惯例建立与创新资源获取，并检验了创新资源集聚效应在网络惯例和知识资源获取、网络惯例和资产资源获取之间的调节效应。张正和孟庆春（2017）综合考虑技术创新和网络效应的影响，构建了以产品质量改进为目标的供应链价值创造模型，发现网络效应强度会影响供应链价值的提升。李媛媛等（2022）以资金结构特征和知识结构特征为网络效应，检验其在科技金融政策与企业创新绩效间的调节效应，发现科技金融可以积极促进创新绩效的提升。Wang 等（2018）研究了知识网络对企业创新绩效的影响，发现企业的知识整合能力对知识认知和创新绩效之间的关系起完全中介作用。Pan 等（2018）采用问卷调查方法，从大连高新技术产业园区收集数据，研究了创新网络和技术学习对高新技术集群企业创新绩效的影响。实证分析发现，创新网络的中心性和网络关系对高新技术集群企业的技术"获取—消化—发展"过程具有直接的正向影响。同时，技术获取对技术消化有直接的正向影响，技术消化对技术开拓有直接的正向影响，技术开拓对高新技术集群企业创新绩效有直接的正向影响。因此，拓展外部组织网络的检索范围，充分利用外部组织网络中的知识，加强与外部组织网络的协作，可以为企业带来新的知识、新的想法、新的技术和互补的资源，从而对提升企业的创新效率起到重要的作用（杨震宁和赵红，2020）。

三、科创平台相关研究

（一）科创平台的概念及作用

国外创新平台（platform for innovation），最早出现在 1999 年美国竞争力委员会发布的《走向全球：美国创新新形势》研究报告中，该报告提出创新基础设施及创新过程所必需的因素，包括人才及前沿研究成果的可获得性等。科创平台作为组织多主体利益相关者进行互动，集聚创新思想、科创人员及科创资源，来迎接复杂环境下挑战与机遇的平台，应运而生（Davies et al., 2018）。我国学者对科创平台给予了高度关注，开展了相关理论探索和实证研究。国内学者谢家平（2017）认为科创平台是集成科技资源、开展科技创新活动、推广科技成果的重要载体，同时又是自主科技创新能力建设的主要载体。孔詠炜等（2022）提出，科创平台是把学科建设、人才建设与科技发展有机统一起来，使知识、人才与资源充分共享的新型的、相互交叉的重要科研组织运作方式。按照《国家中长期科学和技术发展规划纲要（2006—2020 年）》文件内容，科创平台是指整合集聚科技资源，以开放共享为特色，为科学研究与技术开发活动提供支持与服务的科技机构（谢家平 等，2019）。《国务院关于加快构建大众创业万众创新支撑平台的指导意见》中强调，通过构建支撑平台来促进大众创业和万众创新，包括众创、众包、众扶、众筹等新模式和新业态的发展。由此可见，科创平台是中国科技创新体系建设的重要组成部分。科创平台有多种形式，且无统一规定，主要有科技企业孵化器、高新科技开发区和科技园区，以及研发与转化功能型平台（谢家平 等，2019）。科创平台由政府、企业、高校及研究所等多主体组成。科创平台主要通过资源整合、协调引导、降低风险和激励功能来发挥重要作用。

（二）科创平台的基本特征

洪晓军（2008）提出科创平台具备创新主体的多元性、集聚要素的关联性、基础条件的规模性、创新资源的优质性、平台功能的复合性五大特征。首先，创新活动需要企业、大学、科研机构、政府、市场、金融机构的共同参与协同才能顺利完成（孔令丞 等，2019）。其次，科创平台创新要素之间存在紧密联系，平台通过聚集创新要素来提升竞争能力。再次，科创平台聚合了众多创新要素和科技资源，并构建了共建共享机制，实现了平台设备的一定规模效应，使得资源的集中化和最优化配置得以实现。从次，科创平台凭借雄厚的研究基础，突出的人才队伍和具备良好条件设施的研究所，可以获得优质的创新资源与先进的创新要素。最后，科创平台具有聚集创新资源、设计创新课题、组织联合攻关、提供技术服务、落实成果转化、进行人员培训的基本功能（孔詠炜 等，2022）。科创平台的特征主要包括资源整合性、功能性、协同性、衍生性等（华中生，2013）。与一般服务产品所共有的无形性、不可分离性、易逝性、差异性等基本特征相比，科创服务平台还具备开放性与共享性、综合性与专业性、公益性与市场性等特征（苏朝晖和苏梅青，2015）。科创平台的服务共享主要聚焦在仪器设备共享平台、信息服务平台、成果转化服务平台、科技咨询服务平台、知识产权公共服务平台和科技企业孵化器平台等（李立和杨放春，2007）。当平台用户获得的效用随着其他用户规模（数量）的增加而增加时，平台即产生了网络外部性（Katz & Shapiro，1985）。

（三）科创平台与创新绩效的关系

现有研究已对科创平台与创新绩效之间的关系进行了深入的探讨。例如，李正卫等（2016）以浙江省科创平台为例，实证检验科创平台结构对其运行绩效的影响。结果表明：成员能力、内部联结度显著正向作用于平台运行绩效，规模、异质性显著负向作用于平台绩效。王雪原和王宏起（2013）在对区域创新平台网络特性、服务效果与企业创新绩效之间的影响与作用关系进行理论分析的基础上，构建其关系研究模型，并通过问卷调查法收集数据。实证分析发现，创新平台网络特征对平台服务效果有正向促进作用，平台服务效果对企业创新绩效有显著的正向作用，而企业的创新绩效则会对平台网络特征产生积极的作用。高航和丁荣贵（2014）采用结构方程模型的实证分析方法，探讨了协同创新平台与协同创新绩效之间的内在关系，发现科创平台通过知识分享、资源整合、人才培养、风险分担、成果转化等机制对创新绩效产生显著的正向影响。孙红军和王胜光（2020）的研究基于 2012—2017 年 88 个国家高新区的数据，实证分析了国家高新区创新创业平台与全要素生产率增长差距之间的关系，研究发现创新创业平台对国家高新区全要素生产率增长差距有正向影响。孔詠炜等（2022）通过实证研究发现，科创平台集聚的资源及其平台网络结构有助于提升平台科创效益，并且这种提升作用是通过平台的网络化组织发挥资源整合能力和利用能力来实现的。蔡建新和田文颖（2022）的研究成果表明，科创平台产学研协同广度对于利用式创新与探索式创新都有显著提升作用，而产学研协同深度对于探索式创新则有显著提升作用。Turyahikayo等（2021）基于社会交换理论，建立了平台企业内部企业社会责任对创新绩效影响的理论模型。验证结果表明，平台企业的社会责任有利于正向促进创新绩效，进而明确了企业社会责任与创新绩效之间的内在关系。Zhao等（2021）以华东地区 10 个城市 421 家企业的调查数据为样本，运用神经网络模型探讨了开放式创新与创新绩效之间的关系，引入了科创平台的调节作用。研究发现，对于处于初创期、成长期和转型期的企业，开放创新对创新绩效有正向影响，科创平台可以正向调节两者之间的关系。

在对国内外有关文献进行梳理与分析后，我们发现，我国关于科创平台相关研究成果主要集中在概念界定、功能作用、科创平台特征、创新绩效影响等方面，缺乏系统深入的理论探讨；已有研究在探讨科创平台对创新绩效的影响时，鲜有考虑到科创平台的网络特征，即只探讨了科创平台目标定位与科创平台网络协调效应之间的关系。

第四节　创新绩效文献综述

一、创新绩效的内涵与测度

国内外学者从不同的角度对企业的创新绩效进行了界定，但尚未达成共识。Hagedoorn 和 Cloodt（2003）从狭义的角度出发，利用进入市场的发明专利来衡量企业的创新绩效，这种定义将企业的新产品、新工艺和专利都纳入了企业的创新绩效中。Gregory（2002）提出，企业创新绩效指的是企业在技术创新过程中所取得的绩效，其表现形式是新产品的数量的增长。我国学术界对企业创新绩效的评价多基于投入和产出视角（司江伟和徐小峰，2011）。周晓阳和王钰云（2014）认为，企业在协同创新中，将合作伙伴之间的战略协作、组织交流等因素融入创新的全过程，从而使创新绩效被定义为对协作伙伴的满意程度。国内外学者对企业创新绩效的定义存在一定的差异，多数学者将其与新产品、新服务、新技术、新过程以及企业创新绩效相关联（Ernst，2001）。学者们的研究视角也存在较大的分歧。大多数的研究都是在组织层面上对企业创新绩效进行了研究，也有一些学者则是在合作联盟的角度上对企业创新绩效展开了深入的研究（Gregory，2002）。学术界对于企业创新绩效的内涵进行了比较深入的探讨，但是尚未形成共识。创新绩效的衡量标准分为以下三类：①以研发绩效为基础的测量方式。该标准包含了专利授权、技术市场交易成交额、论文数量、新专利数量、新产品数量、重大改进产品数量等。②以财务绩效为基础的测量方式。该标准体现了创新行为对公司的财务绩效提升的促进作用，其重点是产品成本降低率、新产品市场占有率、新产品利润率、新产品销售额与企业总销售额的比例。③基于过程绩效的测量方式。该标准则反映了研发相关的经营活动，如研发人员与顾客的交流频率、研发人员与焦点企业的交流频率、企业研发人员与企业研发人员交流的频率、技术人员数量、企业技术活动数量、研发费用占销售额的比率等（黄攸立和陈如琳，2010）。

二、企业创新绩效的影响因素

企业创新绩效是一种评价创新活动价值的结果变量，不同的学者从不同的角度、不同的层面，对企业创新绩效的影响因素进行深入分析，以提升企业创新绩效。目前，学术界主要研究外部环境、创新网络和同群效应三个方面对企业创新绩效的影响。

（一）外部环境的影响

随着经济全球化进程的加快，我国经济转型的不断深入，企业所处的环境复杂多变，"不确定性"已成了企业所处的外部环境的一个显著特征。不断变化的外部环境不仅为企业创新提供了外部动力和资源支持，也增加了企业创新活动的风险（柳卸林 等，2021）。科创网络所在地的基础设施、市场环境、制度环境均对协同创新具有较强的影响。完善的基础设施促进了企业的发展和创新能力的提升，为创新活动提供必要的资源基础，从而保障创新过程的高效运转（Blind & Grupp，1999；Pan et al.，2021）；市场环境会对企业在销售、竞争中模仿学习的能力产生一定的影响（Kline & Rosenberg，2010；Liu & Atuahene，2018），进而促进创新活动的顺利开展；

政策环境为多主体之间的合作提供机制保障，引导企业和其他主体之间进行有序的合作，形成共生共存的关系（黄凯南和乔元波，2018）。由此可见，良好的科创网络环境有利于创新资源的共享、实现技术的突破、降低创新风险、分担创新成本，进而提高创新效率。黄䶮丹（2020）提出，动态的环境引起的危机将激发企业的创新行为，有利于提升企业的创新绩效。赵红和杨震宁（2017）提出，在动态环境下，企业可以获得更多的知识，并在此基础上，进一步提高企业的知识获取、积累、吸收与整合能力，从而提高企业的创新绩效。环境的不可预测性容易使企业失去通过大量投资获得的竞争优势，导致企业不愿意承担创新风险，进而对企业的创新绩效产生负面影响（Zahra，1996）。由此可见，上述两种对立观点都认为企业的创新绩效受外部环境的影响。瞿孙平等（2016）以169家企业为研究对象，并对所收集的数据进行了回归分析，发现环境不确定性在知识搜索对企业创新绩效影响中起到调节作用。吴松强等（2017）从创新网络的角度研究了产业集群网络关系强度和质量对产品创新绩效的影响，并从环境动态性和环境复杂性两个层次研究了企业面临的环境不确定性对上述关系的调节效应，最终发现两者均起负向调节作用。

（二）创新网络的影响

随着创新环境的日趋复杂，企业间的合作关系日益密切，创新活动愈发强调企业与其他组织合作，以获取创新资源，提升创新绩效（Cowan et al.，2009）。在这种情况下，合作创新模式（如战略联盟、合资企业、研发外包、标准化协作等）不断涌现。合作创新是国内外学者关注的热点问题，并从不同视角探讨了合作创新对企业创新绩效的作用机理与路径。Hanel和St-Pierre（2006）研究发现，在知识密集型产业中，产学研合作具有很强的规模效应，能显著提升企业创新绩效。此外，基于网络嵌入理论，企业技术创新中的"关系嵌入"与"结构嵌入"是影响企业技术创新绩效的关键机制。Powell（2004）认为，随着关系嵌入度的提高，企业之间知识分享的效率与速度将会提高，企业的创新绩效也将随之提高。胡保亮和方刚（2013）认为，越靠近网络中心的企业，越有可能获得更多的资源与信息，进而提高创新绩效。越来越多的企业通过结成联盟参与技术标准制定与扩散，并通过网络嵌入获取创新资源来提升自己的技术创新绩效（戴海闻等，2017；文金艳等，2020）。杨博旭等（2019）以电子信息产业专利为样本，通过实证研究发现，合作网络的结构性嵌入会降低创新绩效，而关系性嵌入则会提升创新绩效；知识网络嵌入度与企业创新绩效之间存在着一种倒 U 形关系。

（三）同群效应的影响

同群效应理论认为，组织内部因素是对企业创新行为和创新绩效产生影响的关键因素。相关研究主要从组织内部资源、能力、知识及战略选择等视角展开。国内外学者从资源基础理论出发，对企业创新绩效差异进行了解释，并认为不同的资源基础会影响技术创新绩效（Lin & Wu，2014；任洪源 等，2017；张洁，2018）。同时，也有一些学者基于人力资源的视角，提出了企业家、高管和研发人员这三个个体层面的因素对企业创新绩效起重要作用（Camelo-Ordaz et al.，2005；于海云 等，2013；易靖韬 等，2015）。有学者从技术学习能力（陈劲 等，2006）、吸收能力（吴晓波和陈颖，2010）、网络能力（任胜钢，2010）等视角探讨企业能力对创新绩效的积极影响。创新本质上是知识的再组合过程，企业的创新活动包括了知识管理（Roper et al.，2017）、知识整合（Henderson，1994；刘思萌和吕扬，2019）、知识创新（Han，2018）等多个转化路径。同时，企业在进行创新时，也需要考虑组织的研发策略，其中企业的知识伙伴、供应商合作者、客户均对企业创新绩效有积极的促进作用（阮娴静，2018）。王为溶和林军（2021）实证研究发现，创业导向组织战略更新、产品技术创新和新业务开拓这三个维度均对企业创新绩效有显著正向影响。

企业的创新绩效一直以来都是经济学和管理学领域的热门话题，并且已经有了丰硕的研究成果。目前对企业创新绩效的定义有三种不同的观点，即过程观、结果观和综合观。在此基础上，由于研究视角的不同，对创新绩效的度量也就有了不同的选择。已有的研究更多地以结果为导向，选择专利数据、新产品开发次数、销售业绩等单一或多个客观指标；也有一些学者从过程与结果的统一角度出发，采用问卷方法来衡量创新绩效。现有的研究主要从外部环境、合作创新和企业自身影响因素等角度来讨论。其中，科创网络与企业创新绩效之间的关系是近年来的一个热门话题。在科创网络环境下，企业如何更好地发挥创新能力，是一个值得深入探讨的问题。

第五节　文献评述

本章主要对创新管理理论、科创网络理论、集群效应理论和同群效应理论的已有研究进行了回顾，梳理了与科创网络、科创平台、企业创新绩效、集群效应、同群效应等核心概念相关的文献，并对各个议题的研究现状进行了总结。

当前大部分学者主要是从科创网络形成机理展开相关研究，针对科创网络缘起、科创网络效应、科创网络在企业创新领域的应用等相关研究内容进行分析，以科创网络内部结构作为主要研究对象。仅有少部分学者注意到科创网络集群效应与同群效应对企业创新绩效的潜在影响，但没有很好地对其机制进行深入探究。

第一，科创网络理论是本书的理论基础。通过对科创网络缘起、科创网络效应、科创网络在企业创新领域的应用等内容进行回顾，我们得以进一步深化对科创网络的理解。第二，集聚效应强调集聚和共享是企业最重要的战略资源。知识集聚和人才集聚是企业将知识资源和人才资源转化为竞争优势的必要途径。集群效应理论很好地诠释了企业加入科创网络的动机，亦为科创网络中企业的集群效应提供了强有力的理论支撑。第三，同群效应理论强调，通过组织学习和规范约束来适应外部环境变化的重要性。随着同群效应理论逐渐扩展至组织学习层面，通过科创网络开展组织学习以获取外部知识，是企业创造差异化竞争优势的重要途径。科创网络的关键作用在于激发技术创新，从而帮助企业获得竞争优势。在此过程中，它强调创新主体间的合作与互补，并展现出复杂网络的结构特征和资源特征（谢家平，2019）。科创网络是企业与外部创新行为主体通过交互构成的知识创新链，具有知识溢出、知识转移和互相学习等基本特征（解学梅，2010）。科创网络的发展为多主体间的知识合作和协同创新提供了有利的发展环境，也为完善企业间的知识流动机制和创新发展机制创造了新的模式（王丽梅，2018）。

虽然分析视角不同，但相关文献普遍认同科创网络是创新的重要组成形式，认为加入科创网络能激励企业主动获取、整合和利用关键创新资源（Kumar & Zaheer，2019）。企业通过交流、合作、学习和吸收等方式，不断提高其技术创新能力。大部分文献从创新理论上肯定了科创网络与企业创新绩效的关系，但是这些研究主要基于网络结构嵌入和网络关系嵌入视角，而对科创网络具体的影响机制尚未进行深入探讨。对此，本书从集群效应与同群效应两个方面的管理学理论出发，探究科创网络对创新绩效关系的影响机制。具体而言，为拓展当前对科创网络的研究广度，弥补科创网络机制探究的不足，本书从科创网络属性出发，以自创区科创网络为研究对象，探究自创区科创网络的影响因素，并从宏观、中观和微观三个管理学研究层面对自创区科创网络的作用机理展开深入研究。宏观层面，本书以自创区企业群落的科创网络为研究对象，探讨自创区政策对企业群落创新绩效的作用机制；中观层面，以科创平台网络作为研究对象，深入分析科创平台目标定位与网络协调效应的作用机制；在微观层面，对自创区科创网络与企业创新绩效之间的关系进行实证检验。本书的研究成果对于提升我国企业的自主创新能力，增长企业创新绩效，推动经济高质量发展具有重要的理论与实践价值。

第三章 自创区科创网络效应机制的扎根理论研究

　　基于第二章对科创网络理论、集群效应理论与同群效应理论的回顾，针对科创平台中的人才集聚效应、知识集聚效应和网络效应对企业创新绩效的影响机制，本章节将基于扎根理论深入探究自创区科创网络形成与作用机制。首先，运用扎根理论方法对调研数据、政策文件进行数据收集和编码，初步形成理论框架；其次，对扎根理论预设结果进行饱和度检验；最后，对科创网络形成与运作机制进行理论分析，并将理论分为建构要素、效应要素与运营要素三大要素，据此构建出科创网络效应机理的理论模型。

　　本章主要内容如下：第一，厘清了北京中关村、武汉东湖和上海张江三地自创区科创网络形成的建构逻辑和转型逻辑；第二，挖掘了三地自创区科创网络建构之后所形成的网络效应，建立了科创网络绩效的衡量标准；第三，探索了科创网络建构要素、科创网络效应及其与创新绩效的关系机理。本章将解决如下问题：①三地自创区的科创网络形成与运行逻辑是什么？②科创网络建构之后存在哪些网络效应？③科创网络建构、科创网络效应及创新绩效之间存在何种作用机理？目前，科创网络效应和作用机制的相关研究较少，没有成熟的理论与方法可以借鉴。因此，本书对各自创区设立的官方政策文件进行扎根理论分析，通过扎根编码与归类，试图建立自创区设立科创网络平台的机制模型，为后续研究奠定理论基础。

第一节　科创网络扎根案例选择

本章的研究主题是科创网络效应的形成与作用机制，其中涉及科创网络建构要素、科创网络效应要素、科创平台运营要素等具体问题的探讨。由于以上研究领域尚无成熟的理论，因此，本研究采用了质性研究中的扎根研究方法，对 3 家自创区管理人员及 3 位高校科技人员进行深度访谈，形成访谈文本材料，搜集了北京、上海、武汉三地自创区官方网站发布的共计 300 份政策文件，期望能够在宏观企业群落、中观科创平台和微观企业创新绩效影响因素的研究方法和理论上有所突破。

一、自创区发展阶段

作为自主创新体系的政策布局，自创区的核心任务是探索、引领、示范自主创新并实现创新成果产业化。自 2009 年国务院批复同意中关村建设全国第一个国家自创区以来，截至 2022 年 10 月，我国自创区数量已达到 23 个，共辐射 61 个城市，覆盖 66 个国家高新区。自创区政策演变经历了"试点探索、规模涌现、协同发展"三个重要阶段，并在每个阶段均取得了令世界瞩目的成绩。

试点探索阶段（2009 年 3 月至 2014 年 4 月）：北京中关村、武汉东湖、上海张江作为首批成立的自创区，结合其已具备的创新基础与资源禀赋，通过建立"院士工作站"和"博士后流动站"、引进"高校研究团队"、设立"产业转化功能性平台"等多种方式，为创新主体间建立有效的"创新联合体"提供了示范作用。自创区的创新联合示范效应，在提升科创成果产业转化率、企业自主创新能力的同时，也提升了区域的科创综合实力。

规模涌现阶段（2014 年 5 月至 2015 年 10 月）：随着政策效应的不断释放，共有 8 个自创区陆续获得审批。伴随自创区数量的增加，创新主体的科创活动联系更加密切，区域性的科创网络逐渐形成。

协同发展阶段（2015 年 11 月至今）：该阶段呈现了多市联动、跨区协同的发展特征，创新主体的科创活动更加活跃、联结也更加密切。在此背景下，科创网络也由区域性向跨区域性发展。由于科技创新基础的差异，目前自创区主要集中在东部地区。国家自主创新示范区设立情况如表3.1所示。

表 3.1　国家自主创新示范区设立轨迹

批示时间	名称	区域	批示时间	名称	区域
2009 年 3 月	北京中关村国家自主创新示范区	东部	2016 年 4 月	郑洛新国家自主创新示范区	中部
2009 年 12 月	武汉东湖国家自主创新示范区	中部	2016 年 4 月	山东半岛国家自主创新示范区	东部
2011 年 3 月	上海张江国家自主创新示范区	东部	2016 年 4 月	沈大国家自主创新示范区	东北
2014 年 6 月	深圳国家自主创新示范区	东部	2016 年 6 月	福厦泉国家自主创新示范区	东部
2014 年 11 月	苏南国家自主创新示范区	东部	2016 年 6 月	合芜蚌国家自主创新示范区	中部
2015 年 1 月	湖南长株潭国家自主创新示范区	中部	2016 年 7 月	重庆国家自主创新示范区	西部
2015 年 2 月	天津国家自主创新示范区	东部	2018 年 2 月	宁波/温州国家自主创新示范区	东部
2015 年 6 月	成都国家自主创新示范区	西部	2018 年 2 月	兰白国家自主创新示范区	西部
2015 年 9 月	西安国家自主创新示范区	西部	2018 年 11 月	乌昌石国家自主创新示范区	西部
2015 年 9 月	杭州国家自主创新示范区	东部	2019 年 8 月	鄱阳湖国家自主创新示范区	中部
2015 年 9 月	珠三角国家自主创新示范区	东部	2022 年 4 月	长春国家自主创新示范区	东部
—	—	—	2022 年 5 月	哈大齐国家自主创新示范区	东部

鉴于不同区域之间在科技基础设施、创新基础水平、外部政策环境以及产业布局等方面均存在较大的差异（周阳敏和桑乾坤，2020），不同地区自创区均基于自身资源基础确定其政策创新模式（张威奕，2016），因此，东、中、西部及东北部的自创区发展定位存在明显的差异。例如，东部以北京中关村、上海张江、深圳珠三角为代表的自创区致力于打造具有国际竞争优势的科技创新中心；中部以武汉东湖为代表的自创区着力引进东部的先进创新技术，带动中、西部地区，承担着连接东西部的重任；西安作

为西部地区的中心城市，在引领西部发展的同时努力打造"一带一路"科技创新中心（辜胜阻和马军伟，2010）。

总体而言，自创区的设立为创新主体间的科研活动联结提供了实体性样板。它不仅为科创成果产业化提供了示范，还为产学研和企业之间的科创活动联结提供了示范。而创新主体之间有形和无形的科创活动联结的总和，均可将其称为科创网络。由此，自创区的设立强化了创新主体之间的科创活动联结，有效促进了科创网络的形成和扩展，进而推动了自主创新能力的持续提高。

二、自创区创新主体

科技创新不是单一主体的任务，而是要把社会各方面的资源引入一个开放式的科创网络中，通过多部门、多环节、多要素协同，完成"研究—开发—试验—生产—营销"等创新价值链增值实践活动，进而实现科技成果的商品化、产业化和社会化。创新主体是指具备创新能力并投身于创新活动的个体或社会组织。因此，自创区政策的制定要重点围绕创新主体（重点龙头企业、高校和科研院所等）及创新服务主体（政府机构、中介服务机构和金融机构等）的需求而展开（谢家平 等，2017）。具体而言，重点龙头企业通过建立创新创业促进机制，加速资金、技术和服务等创新资源的流通，带动产业链的可持续发展；高校和科研院所对关键技术进行攻关，促进科技成果与产业、企业需求的对接，综合采用研发合作、技术转让、技术许可等多种形式，实现科技成果的市场价值。政府机构负责围绕不同创新主体制定相应的政策，以满足各主体的创新需求，进而有效缓解创新主体之间的目标冲突；中介服务机构通过跨区域业务拓展，形成专业化、社会化、网络化的市场中介服务体系；金融机构为企业提供融资服务，满足企业研发所需的资金需求（孔詠炜 等，2022）。推动自创区内科创网络中各创新主体和创新服务主体间要素的有效衔接，有利于聚集关键创新要素，促进要素的跨区域扩散与溢出，进而提升创新绩效。

三、扎根研究案例选择

自创区作为我国"自主创新"与"高新技术"发展的先行先试、探索经验、引领示范区，是我国"创新型国家"与"区域创新体系"的重要空间载体（王双，2017）。政府通过提供创新补贴、推行股权激励、推进科技金融改革等措施，缓解了企业的融资压力，提升了企业的技术创新能力，促进了产业的高层次发展（马宗国和王徐，2022）。作为推动科技体制改革的试验田和示范点，自创区的设立主要从技术、资源、知识等创新要素的市场化体制改革、对技术创新发展的引导和对产业升级的实践探索等方面促进自创区内企业的创新发展（晏艳阳和严瑾，2019）。在国务院批复的23个国家自创区中，位于不同地区的自创区依据自身经济发展水平和区域创新禀赋条件进行战略布局，其中北京中关村、武汉东湖、上海张江作为我国最早成立的3个自创区，具有很强的代表性。本书对全国23个自创区战略定位特征进行了整理（见表3.2）。各自创区依据区域创新优势制定了相应的创新战略定位。其中，北京中关村、武汉东湖、上海张江自创区的战略定位鲜明，对其他自创区具有引领、带动、示范的重要作用。

北京中关村、武汉东湖、上海张江3个自创区各自集聚了大量的科教资源及特色产业，并在单个主体资源优势的基础上，率先探索形成了优良科创硬件与众多科研人才相结合的特色化发展路径（周洪宇，2015）。自创区政策的核心要义就是通过体制机制创新和政策先行先试，集聚创新要素，发展新经济，打造国家高新区的升级版（何眉，2023）。因此，如何将北京、上海、武汉三地自创区的成功经验复制到其他区域，对于中国提升自主创新能力、跻身创新型国家行列具有重要意义。通过文献梳理，我们发现尽管学者们已从知识、环境、政府和资源等方面对科创网络的形成机理进行了梳理，但对科创网络的作用机理尚未达成统一的观点。此外，现有文献也并未对科创网络的形成、科创网络效应及创新绩效间的作用机理进行明确的阐述，也并未回答自创区科创网络建构之后会形成何种网络效应，以及该网络效应如何影响创新绩效。因此，本书将通过扎根理论，挖掘三地自创区科创网络形成的影响因素、科创网络建构之后所形成的网络效应，并深入探索二者与科创网络绩效间的作用机制，以期为国家自创区科创网络的建立和科创网络绩效的提升提供可行路径。

表 3.2　全国自创区战略定位特征

序号	名称	战略定位特征
1	北京中关村国家自主创新示范区	在世界范围内建造有影响力的科技创新中心

表3.2(续)

序号	名称	战略定位特征
2	武汉东湖国家自主创新示范区	建设资源节约型和环境友好型社会,以创新驱动发展为模式
3	上海张江国家自主创新示范区	培育战略性新兴产业核心载体,打造创新驱动、科学发展的示范区
4	深圳国家自主创新示范区	创新驱动发展示范区,科技体制改革先行区,战略性新兴产业聚集区,开放创新引领区
5	苏南国家自主创新示范区	以创新驱动发展为引领区、深化科技体制改革试验区建设、区域创新一体化先行区
6	天津国家自主创新示范区	创新主体集聚区、产业发展先导区、转型升级引领区、开放创新示范区
7	湖南长株潭国家自主创新示范区	创新驱动发展引领区、科技体制改革先行区、军民融合创新示范区、中西部地区发展新的增长极
8	成都国家自主创新示范区	创新驱动发展引领区、高端产业集聚区和西部地区发展新的增长极
9	西安国家自主创新示范区	创新驱动发展引领区、大众创新创业生态区、军民融合创新示范区、对外开放合作先行区
10	杭州国家自主创新示范区	创新驱动转型升级示范区、互联网大众创业示范区、科技体制改革先行区、全球电子商务引领区、信息经济国际竞争先导区
11	珠三角国家自主创新示范区	开放创新先行区、转型升级引领区、协同创新示范区、创新创业生态区
12	郑洛新国家自主创新示范区	开放创新先导区、技术转移集聚区、转型升级引领区、创新创业生态区
13	山东半岛国家自主创新示范区	转型升级引领区、创新创业生态区、体制机制创新试验区、开放创新先导区,打造具有全球影响力的海洋科技创新中心
14	沈大国家自主创新示范区	东北老工业基地高端装备研发制造集聚区、转型升级引领区、创新创业生态区、开放创新先导区
15	福厦泉国家自主创新示范区	建设成为全省现代产业体系先导区和自主创新核心区
16	合芜蚌国家自主创新示范区	科技体制改革和创新政策先行区、科技成果转化示范区、产业创新升级引领区、大众创新创业生态区

表3.2(续)

序号	名称	战略定位特征
17	重庆国家自主创新示范区	创新驱动引领区、军民融合示范区、科技体制改革试验区、内陆开放先导区；打造具有重要影响力的西部创新中心
18	宁波/温州国家自主创新示范区	肩负着为浙江乃至全国制造业创新发展探索新路径的重要使命
19	兰白国家自主创新示范区	发展高新技术产业和战略性新兴产业
20	乌昌石国家自主创新示范区	面向新疆稳定发展和"一带一路"建设重大需求，努力打造新疆创新未来发展的制高点
21	鄱阳湖国家自主创新示范区	推行创新驱动发展战略，充分利用江西省的区位、资源、人才、技术等优势，积极探索符合区域特色的创新路径、模式、机制，力争把全省打造为产业技术创新的示范基地
22	长春国家自主创新示范区	推进自主创新和高新区高质量发展方面可以先行先试、探索经验、做出示范
23	哈大齐国家自主创新示范区	立足哈大齐三地发展基础和特色优势，统筹产业创新资源布局，深化跨区域合作，充分发挥哈尔滨创新引领示范和辐射带动作用

四、扎根研究案例情况

本书以中国最早成立的北京中关村自创区、武汉东湖自创区、上海张江自创区3家自创区作为研究对象，选取原因如下：

（一）三区首批成立

北京中关村自创区、上海张江自创区和武汉东湖自创区是中国首批获批成立的自创区，具有很强的代表性，承担着协同创新模式改革试验的重任。首批建设的北京中关村、武汉东湖、上海张江三大自创区充分利用制度创新、股权激励、科技金融等创新政策优势，结合各自已具备的创新基础与禀赋特色大幅度提升自主创新能力，促使高新技术产业蓬勃发展，促进区域创新中心综合竞争力的提升。

1. 北京中关村自创区

北京中关村自创区于2009年3月获批，作为国家体制改革和机制创新的试验区，集聚全球高端人才，引领着世界前沿技术的研发，促进国际领先科技成果的转移转化，已成为我国最具活力的科创中心。中关村凭借着较强的科教资源优势，在加强企业创新主体建设，强化关键核心技术、颠覆性技术攻关中起到了举足轻重的作用。中关村自创区在促进领军企业、高校研究所等创新主体之间的互相创新联合中起到了示范作用。作为我国首家自创区，中关村自创区不仅提升了企业自主创新能力，还致力于建设科技创新强国。它既是关键的产业聚集地，又肩负着自主创新的重任，还是创新成果不断溢出的地方，做到了"高水平创新、高质量发展、高标准示范"（章元 等，2018）。

2. 武汉东湖自创区

武汉东湖自创区于2009年12月获批，定位为世界一流高新技术园区，聚焦特色创新型产业，着力促进产学研结合，现已成为带动武汉经济结构调整和发展方式转变的强大引擎。武汉东湖自创区坚持以自主创新为核心，以市场为导向，积极推进企业技术创新能力建设，努力打造一批具有国际竞争力的高新技术企业，形成了较为完备的技术创新体系（解佳龙 等，2019）。武汉东湖自创区以新型信息服务、科技服务、科技金融和地球空间信息级别应用服务为主的新型服务业发展模式，是我国未来发展的重要方向。

3. 上海张江自创区

上海张江自创区于2011年3月获批，定位为世界一流高新区，已形成具有全球影响力的科创中心、高端人才集聚中心、科技金融中心、技术交易中心、高新技术产业发展基地和政府管理创新自创区。上海张江自创区是我国第三个国家自创区，是上海打造全球有影响力的科创中心建设的重要抓手。本书选取张江自创区作为实证研究的典型个案，关系到上海全球科创中心国家战略的实施，对全国其他自创区建设具有实践意义。

（二）三区科创发展趋势

以北京中关村自创区为例，《中关村指数2021》分析报告指出，截至2021年，中关村自创区有效发明专利拥有量超过150 000件，年度PCT专利申请量达到8 000件①。上海张江自创区2021年专利主要指标均实现两位数以上增长，其中发明专利授权量22 169件，比上年增长44.0%，PCT

---

① 数据来源：《中关村指数2021》。

国际专利申请量 3 507 件，比上年增长 48.3%。技术合同成交金额持续快速增长，技术合同成交金额 1 882.4 亿元，比上年增长 50.1%[①]。2021 年，东湖高新区专利授权量为 18 383 件。其中，发明专利授权 8 234 件，占比 44.8%，实用新型专利授权 8 247 件，占比 45.8%，外观设计专利授权 1 722 件，占比 9.4%[②]。由此可见，三地自创区的建设对北京、武汉、上海及全国创新水平的提升发挥了极其重要的作用。为了进一步了解三大自创区所在城市创新发展趋势，本书梳理分析了 1990—2020 年中国区域创新创业指数有关北京、上海、武汉三座城市的创新得分趋势和专利授权得分趋势。在 1990 年至 2020 年期间，北京中关村、上海张江、武汉东湖三个自创区所在城市的创新总量得分均高于全国平均创新总量得分，且自 2009 年后，上海和北京创新总量得分接近 100 分，武汉创新总量得分呈小幅上涨趋势，且至 2014 年时趋近于 100 分。自创区所在城市的专利授权情况趋势与创新总量趋势图基本一致（见图 3.1 和图 3.2）。

从自创区科创网络分析，北京中关村自创区与高校、科研院所及企业建立了联合研发机构并成功孵化出一批创新型企业，如北大青鸟、清华同方等，且拥有中国科学院与各高科技企业合作设立的多个技术联合实验室；上海张江自创区则强化了跨国合作，设有"诺华−复旦联合研究实验室"及诸多本土企业联盟；武汉东湖高新区实验室、武汉东湖自创区建设光谷实验室等五大湖北实验室，拥有信息光电子国家制造业创新中心、数字化设计与制造国家制造业创新中心等 9 个创新中心（解佳龙 等，2019）。

从地域代表性看，北京、上海和武汉自创区在地域上分别代表华北、华东和华中地区。在"南强北弱"的经济发展趋势下，华北地区经济发展水平受到严重影响，北京经济发展水平在华北地区属于"领头羊"，国家对北京的转移支付、创新支持力度只增不减。上海是华东地区的创新代表，在创新投入、人才集聚等科技发展方面一直领先于华东地区其他城市；武汉作为华中地区的龙头城市，在创新投入和高新技术人才引进方面也投入很多。因此，三个城市在区域上具有典型性，代表了所处区域经济发展的最高水平。综上所述，本书选取自创区所在的三个城市作为样本具有典型性和超前性。

---

① 数据来源：《2021 张江国家自主创新示范区年度发展报告》。
② 数据来源：《2021 年度东湖高新区统计报告》。

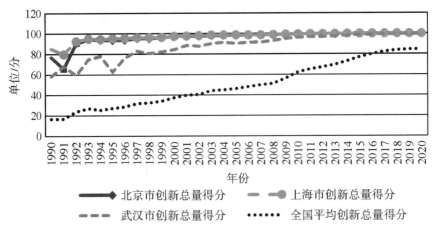

图 3.1　1990—2020 年北京、上海、武汉及全国平均创新总量得分趋势

数据来源：1990—2020 年中国区域创新创业指数。

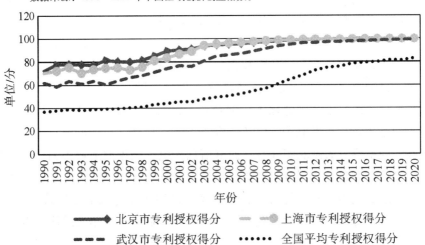

图 3.2　1990—2020 年北京、上海、武汉及全国平均专利授权得分趋势

数据来源：1990—2020 年中国区域创新创业指数。

第二节　扎根理论过程设计

一、方法的引入

扎根理论（grounded theory）于 1967 年由社会学家 Glaser 和 Strauss 首次在《发现扎根理论：质性研究的策略》中提出，并作为管理学领域重要的研究工具得到了广泛的应用（Glaser & Strauss，1967）。有别于其他研究方法，扎根理论不是从已形成的研究假设开始进行理论推演与验证，而是对描述的问题不断进行逻辑思辨，对所研究问题的观察数据进行理论研究（谢家平 等，2019）。由于科创网络的概念及内涵的产生和形成机理涉及多个创新主体，且具备动态、开放、复杂并注重协同创新等特征（孔詠炜等，2022），科创网络形成的影响因素及其作用机理还不能从现有的理论中直接获取。因此，扎根理论在界定核心概念、探索概念之间的内在关联并形成理论分析框架方面具备独特的优势，其研究流程清晰且具有较高的可操作性，尤其适用于未经清晰界定或难以用现有理论进行鉴别与解释的管理现象（贾哲敏，2015），十分契合本研究的探索初衷。扎根理论以理论归纳为主、演绎为辅，数据采集与分析同时进行，连续循环，最终形成理论框架（张晓东和霍国庆，2015）。扎根研究围绕研究问题系统性收集和整理资料，随后按照严格扎根程序对收集的资料进行编码，遵循"开放性编码—主轴编码—选择性编码"的三级编码程序（张敬伟，2010）。实证研究往往将数据收集与数据分析过程分开进行，而扎根理论主张数据收集与理论构建是一个迭代、递归、互动的持续过程。在这个过程中，研究的每一步都会对下一步理论分析产生一定的影响，所有步骤随着研究的深入都会再次被重复检验。扎根理论编码的目的在于从收集的资料中提炼关键信息，在不断循环分析比较的过程中客观反映社会现象的概念范畴，厘清关键范畴之间的内在联系。在此基础上，研究者可以进一步建构理论。在理论建构过程中，研究者应"透过现象看本质"，从问题的提出、数据的梳理到结论的呈现，从中获得更高层次的理论框架，并拓展理论的应用场景，为解释社会现象提供理论基础（Suddaby，2006）。

二、调研准备与数据收集

扎根理论收集资料的方法有两种：第一种包括现场观摩、调研访谈、田野调查等所获取的一手资料；第二种包括政策文件、新闻报道等二手资料。其中，科创政策文件包含政策目的、政策诉求、政策过程和政策资源等关键信息（田志龙 等，2019），可以客观反映出政策制定者对政策实施结果的预期，为揭示科创网络对创新绩效的影响提供了相应的官方数据支撑。此外，政策文件还能较好地刻画利益相关者在创新驱动建设过程中的态度、观点、立场、倾向，可以较好地反映各利益相关者的政策价值定位

（Gulizhaer et al.，2022）。政策文件承载着特定政策目标的话语体系，它能够体现出政府机构对于具体的政策的解读。

本书的主要目的在于厘清自创区科创网络的建构逻辑，挖掘科创网络形成后所产生的网络效应并探究科创网络建构、科创网络效应及其与创新绩效间的作用机制，进而构建理论模型。因此，本书将北京中关村、武汉东湖和上海张江的自创区相关政策文件作为研究数据，采用扎根理论挖掘自创区科创网络建构逻辑、科创网络效应及其与创新绩效的作用机制，以保障研究结论的科学性和严谨性。

（一）调研准备

在进行正式访谈之前，考虑到受访者之间的角色定位差异，课题组分别针对自创区管理人员、高校科研人员、相关政府机构官员等准备了涉及多个层次的访谈提纲。在采访自创区管理人员时，主要聚焦于自创区政策实施以来，园区发展情况、政策执行力度和实施效果，以及在提升创新绩效方面所遇到的困难；针对高校科研工作者的访谈主要集中在产学研合作过程中遇到的问题，以及提升创新绩效的关键影响因素及具体建议；针对政府部门负责人的访谈主要集中于对自创区政策文件的解读和政策落实过程中面临的约束及其解决措施。在调研过程中，课题组主要以半结构化访谈的方式进行，根据访谈提纲来把控访谈的有效进行，在获得受访人许可的前提下，对访谈内容进行录音，以便获取有价值的信息。

（二）数据收集

本书以 3 个最早成立的自创区作为基本研究单位，构建政策文本数据库，收集政策文件资料作为本书的重要数据来源。因此，课题组采用 Python 软件，获取北京中关村、上海张江、武汉东湖自创区官方网站中的政策文件，共获取有关自创区的政策文件 320 份，共计约 25 万字。通过对政策内容进行逐一阅读筛选，课题组最终筛选出 300 份相关性较强的政策文件作为研究数据。

三、数据编码的过程设计

按照扎根理论，研究过程分为开放性编码、主轴编码与选择性编码三个阶段。开放性编码是开展扎根研究的基础，主要是对资料进行概念化和范畴化归纳的过程。本书将收集到的数据资料经过反复的扎根程序处理，直至理论饱和，从而形成系统互动影响因素集合（见图 3.3）。

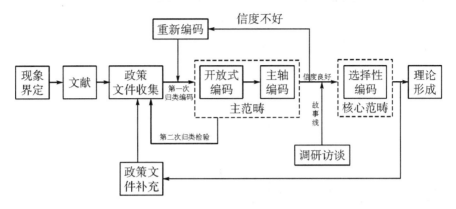

图 3.3　扎根理论分析框架

第三节　数据编码与检验过程

一、开放式编码

扎根理论中最关键的环节之一是开放式编码，主要由贴标签、概念化和范畴化三个过程组成（晁罡 等，2019）。本书采用 NVivo12 软件对所收集到的 300 份政策文件逐句逐词进行贴标签，随后对所得到的标签进行处理，删除不规范的标签并合并相同的标签后，共得到 193 个标签。随后将同一类属或意义相同的标签进行合并归类，共形成 117 个概念，完成了从资料分解、贴标签、标签处理到概念化的过程。为避免由于编码者主观原因对编码结果产生影响，课题组分成 2 个编码小组独立对政策文件进行贴标签。开放性编码示例如表 3.3 所示。

表 3.3　开放性编码示例

政策文件节选	贴标签	概念化	范畴化
以企业需求为导向，以市场评价为基础，搭建为高端领军人才创新创业的服务平台。支持示范区内的中小企业技术创新，通过资金资助、设立孵化器、搭建公共服务平台等多种方式，引导工程技术研究中心、重点实验室、企业技术中心等共性技术研发平台，联合承担科技项目。市人民政府会同国务院相关部门建立示范区科技创新和产业化促进中心服务平台。行政管理部门应当组织建设人才流动和技术、资本、产权交易的平台，促进创新要素的聚集和高效配置。建立健全企业信用信息的数据库和公共服务平台，推广使用企业信用报告等信用产品。支持构建国际商务、投资与科技服务平台，集聚科技。高水平建设智能机器人共性技术平台和产业化推进平台。建设国际化智能机器人展示交流平台。市相关部门组织协同创新平台。引导社会资本加大投入力度，建设公共算力平台，支持领军企业建设人工智能开源平台。支持成立中关村智慧教育产业联盟，建立行业共享共建的教育数据开放平台，提高算法优化迭代能力。创新金融支持方式，建设数字金融创新平台。支持创新型试点企业开展技术建设、技术改造；组织建设人才流动和技术、资本、产权交易的平台，促进创新要素的聚集和高效配置；开展产业链关键瓶颈技术平台的研发和产业化；合作共建国际科技贸易基地和科技创新对外贸易服务平台；充分发挥财政资金引导和杠杆作用，建立健全政府和社会资本合作（PPP）机制，构建多层次投融资平台，建设需求对接和新产品推介平台；支持转化平台与中关村开放实验室、科技成果中试平台的衔接与协同，提升转化平台为科研人员提供专利申请；支持多层次资本市场建设。为基地30家以上企业提供人力资源、公共实验室、技术转化平台、知识产权、会计、法律等专业服务；支持一批数据交易平台；打造示范高价值专利挖掘技术转移平台；引导和鼓励国内外本土企业与境外合作设立新型创业孵化平台。对企业创新投资项目，取消备案审批。改革创新创业型初创企业股权转让变更登记过于繁杂的管理办法，按照市场原则和企业合约，允许初创企业依法合规自愿变更股东，工商管理部门不实施实质性认定审查，依法合规办理变更登记。全面推进全过程信用管理。市科学技术部门应当会同相关部门建立公共科技创新资源共享机制，推进重大科技基础设施、大型科学仪器设施以及科技信息、科学数据、科技报告等开放共享……市区人民政府根据科技创新中心建设规划，结合区域定位和优势，建设创新要素集聚、综合服务功能完善、适宜创新创业、各具特色的科技创新中心重要承载地，并根据科技创新中心建设需要及时调整、扩大重要承载区布局。联盟任务是组织企业、大学和科研机构等围绕产业技术创新的关键问题，开展技术合作，突破产业发展的核心技术，形成产业技术标准；建立公共技术平台，实现创新资源有效分工与合理衔接，实行知识产权共享；实施技术转移，加速科技成果的商业化运用，提升产业整体竞争力；联合培养人才，加强人员的交流互动，支撑国家核心竞争力的有效提升。极端条件实验装置、地球系统数值模拟装置等大科学装置群，创新运行机制，搭建大型科技服务平台	网络安全平台	网络安全平台	公共基础设施平台
	海外孵化平台	公益孵化器	
	科技企业孵化器		
	公共算力平台	公共算力平台	
	开源代码托管平台	资源共享平台	
	人工智能开源平台		
	产权运营平台	产权服务平台	公共服务平台
	产权信息服务平台		
	产权维权服务平台		
	产权登记管理工作平台		
	数据公开平台	科技大数据平台	
	信用信息服务平台		
	产业发展信息平台		
	技术产品展览展示平台	交流展示平台	
	成果展示交流平台		
	专业技术服务平台	技术服务平台	
	科技创新和产业化中心服务平台		
	科学文化公共服务平台	科普服务平台	
	创新创业服务平台	创新创业服务平台	
	四众平台		
	科技人才与产业对接平台		
	创新创业资源共享平台		
	产业协同创新平台	产业发展支持平台	协同创新平台
	数字金融创新平台		
	产业促进平台		
	工程技术研究中心	共性技术研发平台	
	重点实验室		
	智能机器人共性技术平台		
	国际创新合作平台		
	科技成果转移转化平台	成果转移转化平台	科技服务平台
	技术转移服务平台		
	新技术新产品推介平台		
	科技成果中试平台		
	投资与科技服务平台	资本市场服务平台	
	多层次投融资平台		
	互联网金融平台		
	资本市场服务平台		
	科技创新对外贸易服务平台	贸易市场服务平台	
	新型孵化平台	企业孵化器	
	产权交易平台	资源交易平台	
	就业平台		
	技术成果供需平台		
	资金、技术、市场对接平台		
	版权交易平台		
	技术转移交易平台		
	数据交易平台		
	工业互联网平台	资源聚集平台	
	数字经济平台		
	产业链关键瓶颈技术平台	产业链关键瓶颈技术平台	技术创新平台
	研发功能性平台	研发功能性平台	

注：鉴于篇幅所限，此处仅展示部分编码表内容。

二、主轴编码

主轴编码的核心任务是将政策文件中提炼的相关概念按照一定的内在逻辑联系在一起，并按其内涵及其对应的类属关系将其分类，使得概念关系呈现出层次性（Chun et al., 2019）。主轴编码是对开放式编码形成的范畴进行聚类分析，目的是在开放编码之后以新的方式重新排列它们（Creswell, 2012）。在完成开放式编码后，我们通过识别核心范畴、分析概念和范畴间的关系、发展理论模型、验证理论的有效性，以及整合和精炼理论框架，将数据中的概念和范畴转化为有意义的联系，从而构建出一个有助于深入理解研究现象的理论模型。本课题组将借鉴扎根理论的经典译码典范，从因果、现象、脉络、行为/交互策略及结果等角度，挖掘范畴之间的内在关联，揭示它们之间的隐性关联。课题组在研究主轴编码时发现，开放编码所获得的 32 种范畴化之间仍然存在着某种内在的逻辑关系。由此，按照分类之间的关系，可以归纳出 12 个主范畴。同时，考虑自创区科创网络的建构逻辑、效应要素和影响因素，将归纳出的 12 个主范畴进一步归纳为 6 个核心范畴。具体结果如表 3.4 所示。

表 3.4 主轴编码数据结构

对应副范畴	主范畴	核心范畴	对应副范畴	主范畴	核心范畴
公共基础设施 公共服务共享 公共技术研发 社会效益	社会逻辑	建构逻辑	创新产值 创新成本 专利申请量 专利授权量	创新绩效	创新行为
科技交易服务 技术合作创新 经济效益	商业逻辑		原始创新 探究创新 应用创新	创新能力	
数字创新 科技大数据 人工智能	数字赋能	升级逻辑	环境规制 支持政策 风险补偿	创新政策	创新环境
盈利模式 商业模式	转型逻辑		产业规模 吸纳就业	产业实践	
资金集聚 设施集聚	资源集聚	集群效应	模仿行为 学习行为	学习效应	同群效应
人才集聚 知识集聚	共享效应		激励行为 竞争行为	激励约束	

三、归类检验

通过第一轮的开放性编码和主轴编码，共得到 193 个标签、提炼出 117 个概念、归类出 32 个范畴。应用典范模型将 32 个范畴归类形成了 12 个主范畴，分别是社会逻辑、商业逻辑、数字赋能、转型逻辑、资源集聚、共享效应、学习效应、激励约束、创新绩效、创新能力、产业实践和创新政策。

第二轮归类工作中，课题组共邀请了 6 名评判人员，并根据专业背景把评判人员分为三组，对已形成的 117 个概念按 12 个主范畴再次进行归类。6 名成员包括 3 名博士研究生、2 名博士生导师，以及 1 名同研究领域的高校教师，以上 6 人分成三组进行"背靠背"式归类检验。第二轮归类的结果一致性较高，在 117 个概念中，只有 14 个概念的归类是三组完全不同的；如果其余的 103 个概念中，有 81 个概念是三组结果完全一样，则直接归为一类，还有 22 条是两组归类相同，按照少数服从多数的原则，归为一类。为了提高编码的准确度，课题组对 14 个分类结果截然不同的概念进行了充分的讨论，并向外部专家进行了咨询，最终将不一致归属的概念归入相应的范畴。第二轮归类的一致性结果如表 3.5 所示。

表 3.5　第二轮归类的一致性情况汇总

归类	第二轮独立归类情况汇总		经讨论调整后归类汇总	
	标签数/个	百分比/%	标签数/个	百分比/%
完全不同	14	11.97	0	0.00
两组相同	22	18.80	31	26.50
完全相同	81	69.23	86	73.50
总计	117	100	117	100

经过详细讨论后，117 条概念化标签中，12 条归于社会逻辑、9 条归于商业逻辑、11 条归于数字赋能、6 条归于转型逻辑、12 条归于资源集聚、9 条归于共享效应、7 条归于学习效应、11 条归于激励约束、13 条归于创新绩效、9 条归于创新能力、4 条归于产业实践、14 条归于创新政策。归类情况如表 3.6 所示。

表 3.6　第二轮归类检验结果情况

主范畴	三组独立归类结果	三组讨论后归类情况
社会逻辑	9	12
商业逻辑	6	9
数字赋能	11	11
转型逻辑	5	6
资源集聚	11	12
共享效应	9	9
学习效应	6	7
激励约束	10	11
创新绩效	13	13
创新能力	7	9
产业实践	3	4
创新政策	13	14
总计	103	117

信度分析是指不同研究者通过内容分析得到的类别和分析单位，以及是否可以将内容归纳为同一类别，得出一致的结论（杨国枢 等，2006）。计算公式如下：

$$信度 = \frac{n \times (相互同意度)}{1 + [(n-1) \times 相互同意度]}$$

其中，n 表示编码者个数，相互同意度 $= \dfrac{M}{N}$，M 表示一致同意数，N 表示该类别拥有总的概念数。由归类检验信度分析表可知（见表 3.7），信度在 $[74.30\%, 96.77\%]$，借鉴问卷信度的检验标准，所有编码归类信度均通过信度检验。

表 3.7　归类检验信度分析

主范畴	总条目	一致同意数	相互同意度	信度
社会逻辑	12	7	58.33%	89.36%
商业逻辑	9	6	66.67%	92.31%

表3.7(续)

主范畴	总条目	一致同意数	相互同意度	信度
数字赋能	11	7	63.64%	91.30%
转型逻辑	6	5	83.33%	96.77%
资源集聚	12	9	75.00%	94.74%
共享效应	9	4	44.44%	82.76%
学习效应	7	6	85.71%	97.30%
激励约束	11	8	72.73%	94.12%
创新绩效	13	11	84.62%	97.06%
创新能力	9	7	77.78%	95.45%
产业实践	4	2	50.00%	85.71%
创新政策	14	9	64.29%	91.53%

四、选择性编码

选择性编码又称为核心编码，是通过对已知的概念类别进行系统分析，选出"核心类属"，并在与其他类别进行对比时，反复证实其处于主导地位，从而使大部分的研究结论都能在较大的范围内得到广泛应用（靳代平 等，2016）。根据 NVivo 软件主范畴词频统计分析，社会逻辑相关词条出现了 48 次，商业逻辑相关词条出现了 36 次，数字赋能相关词条出现了 23 次，转型逻辑相关词条出现了 18 次，资源集聚相关词条出现了 36 次，共享效应相关词条出现了 28 次，学习效应相关词条出现了 22 次，激励约束相关词条出现了 32 次，创新绩效相关词条出现了 39 次，创新能力相关词条出现了 27 次，产业实践相关词条出现 16 次，创新政策相关词条出现了 42 次。通过对主副范畴的多轮分析考察，尤其是对创新绩效、数字赋能等 12 个主类别及相应维度关系进行深入对比分析，并多次回听访谈录音，最后确定各个类别之间的逻辑关系，如图 3.4 所示。

围绕核心概念的故事线可以概括如下：科创网络建构要素中的商业逻辑、社会逻辑、转型逻辑和数字赋能对科创平台网络协调效应产生影响。在中观层面上，由不同创新主体组成的科创网络中的各主体因目标诉求不同，其协调网络资源的运行逻辑有所差异。在科创平台网络协调的基础上，科创网络效应要素中的集聚效应和同群效应对科创平台运营要素的企业创新行为和创新环境两方面产生影响。在宏观层面上，自创区政策可形成资源集群效应与共享效应，进而提升企业群落的创新绩效。在微观层面上，自创区政策的设立通过形成创新的同群效应，进而提升企业创新绩效。在自创区情景下，科创网络的形成包含科创网络建构要素、科创网络效应要素、科创平台运营要素，三者之间是层层递进的关系。

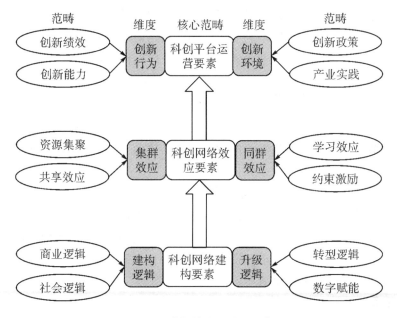

图 3.4　选择性编码结果示意

五、理论饱和度检验

首次扎根程序完成后，课题组利用剩余 30% 的政策文件，按照上述扎根过程对结果进行第一轮理论饱和度检验。检验过程中共出现 11 个新概念（创新风险评估与预警、云计算产业中心、票据融资、高价值专利培育中心、贷款贴息、科技创新券、创新基金、创新风险补贴支持、商业责任险、风险拨备金和风险补偿金）以及 1 个新范畴（风险补偿）。随后，编码小组又对所有政策文件进行了第二轮理论饱和度检验，此次检验并未出现新概念、新范畴和新维度。因此，课题组认为理论已经达到饱和状态。

第四节　科创网络形成与运作机理

前文研究共提炼出科创网络建构要素、科创网络效应要素、科创平台运营要素三大核心要素，三者之间存在层层递进关系。自创区通过建构逻辑和升级逻辑促进科创网络的形成。科创网络效应要素同时包含集群效应和同群效应；科创平台运营要素则包含创新行为和创新环境。

一、科创网络建构要素

（一）建构逻辑

建构逻辑包含社会逻辑和商业逻辑。具体而言，社会逻辑通过公共基础设施、公共服务共享、公共技术研发等要素，为企业提供丰富的创新资源，为技术创新的有序开展提供基本保障，从而实现社会效益的最大化。商业逻辑通过科技交易服务和技术合作等创新手段，为创新主体提供有关研发技术的使用、管理与保护等方面的服务。其中，技术合作创新能够丰富企业技术创新的资源渠道和资源类型，为企业研发节约大量的时间、资金等成本，进而提升经济效益。

（二）升级逻辑

升级逻辑包含数字赋能和转型逻辑。升级逻辑突破既定的建构逻辑，依托新技术、新方法来丰富科创平台的运行逻辑。数字赋能借助数字创新、科技大数据、人工智能等丰富了企业所拥有的数据资源基础，有助于促进企业数字能力提升与技术合作创新；数字化技术具有同质性、可编程性、迭代性、可复制性等基本特征（Gulizhaer et al.，2021）。数字化转型激发了企业创新活力，为企业创新注入了新的动力，促使企业的创新水平快速提升（张国胜和杜鹏飞，2022）。转型逻辑能够通过优化企业的数字能力和迭代能力，提升创新绩效。转型的本质是盈利模式与商业模式重构，企业通过科创网络平台得到更多获取创新资源的渠道，丰富了创新合作的形式，从而减少创新研发的成本，并促进创新主体主动积极进行创新活动。

二、科创网络效应要素

（一）集群效应

集群效应包含由资金集聚和设施集聚形成的资源集聚效应，以及由人才集聚和知识集聚形成的共享效应。在资源集群效应方面，科创网络在运行过程中，将会集聚大量的资金、人才、设施、知识等创新资源。借助科创网络，企业更容易获取到关键的技术创新要素，从而减少企业的技术创新费用，提高企业的整体创新水平。例如，企业通过科创网络下的人才集聚，实现网络内组织间的人才互补，能够极大地发挥人才的比较优势，从而借助网络内其他创新主体获取异质性、新颖性知识，产生人力资本溢出效应，提升企业创新绩效。科创基础设施是经济发展的关键资源，既会影响组织内部生产要素效率，也会影响企业人才和信息知识布局。完善的科创基础设施能够营造良好的创新环境，企业更容易获取基本的公共创新服务。

在知识集聚效应方面，企业通过整合已有的创新知识资源，并对新知识、新产品或新技术进行吸收共享，来提高企业创新效率，从而产生比较竞争优势。创新主体间集聚形成的知识转移、知识共享为企业提供了交流学习与合作创新的机会。资源互补和人才知识的交流，能够完善知识获取机制、增加知识储备、促进知识系统化与社会化，从而降低创新成本、提升创新速度、完善创新模式，进而提升创新产品的市场竞争力。

（二）同群效应

同群效应通过组织学习和规制约束影响创新能力和创新绩效。组织学习有助于帮助企业充分利用内外部信息，与时俱进地优化企业管理模式，激发组织成员积极探索新方法，通过引入新的技术、新的产品设计方案，提高企业的创新能力，进而促进企业的创新绩效，增强企业的核心竞争力（王永伟 等，2012）。研发水平的高低很大程度上决定了创新主体的行业竞争力。研发水平较低的组织往往处于行业竞争的弱势地位，容易激发出更强的"学习动机"和"声誉需求动机"。从学习动机角度看，科创网络中创新主体对信息的分析能力与吸收能力存在差异。研发水平处于行业弱势地位的企业，其管理者由于自身能力不足会进行决策调整，这往往会被同行业其他企业作为决策行为的参考。企业经营环境不确定性越高，面临的风险越大。为了规避不确定性带来的经营风险，企业管理者有动机学习、模仿同行业的 R&D 投资行为。从声誉需求动机角度看，企业管理者为了维持甚至提高自己的声誉，往往会对同行业其他企业管理者的决策行为进行模仿，即产生同群效应。

三、科创平台运营要素

（一）创新行为

创新行为是指网络中的各创新主体通过开拓新技术、新方法、新市场、优化组织形式等方式获得超额利润的行为（于贵芳和温珂，2020）。创新主体充分利用科创平台享有的科创政策，以提升创新绩效为目标开展各种创新活动，这有助于提升自身的创新能力。本书认为，科创平台运作的绩效受科创政策和产业实践等因素的影响，应将这些因素纳入科创平台运作的要素中。

（二）创新环境

创新环境是一个科创网络的空间聚集体，是由各行为主体之间的相互学习和交换而形成的（Perrin，1991）。科创平台网络的创新环境是指某区域内科创网络内的创新主体、各种异质性创新资源/条件、协调各种要素关系的激励与约束制度及其政策的总和（孔令丞 等，2019）。创新主体、产业集群、科技政策支持等构成了科创网络的创新氛围与环境，而创新环境将决定创新活动的效率。优越的创新环境应包含符合要求的软硬件基础设施，能够促进创新主体之间进行高效交流，推动异质性创新资源的流动与溢出，进而提升创新绩效。通过对上述三个核心范畴的详细分析，可以看出科创网络形成机理的各个环节之间相互联系、不可分割，并归纳出科创网络"建构要素—效应要素—运营要素"的内在逻辑。在自创区情景下，升级逻辑和转型逻辑形成科创网络建构逻辑；集群效应与同群效应形成科创网络效应要素；创新环境与创新行为形成科创网络运营要素。

四、范畴维度释义

通过开放性编码，笔者对收集到的政策文件进行了细致的逐句分析，并对每一句赋予了相应的标签。笔者在这一过程中提炼出一套具有明确操作定义的概念和分类方法，有助于深入理解政策文件的内容，为进一步的研究和应用打下坚实的基础。接下来，需要梳理范畴与范畴之间的内在逻辑，并按照一定的结构将不同的范畴联系在一起。在扎根理论的分析框架下，经典的译码典范是将被解析现象的因果条件、现象、上下文、行动/互动的策略和结果相连接，将类别与类别的关系相关联，进而将数据再进行组合的过程。最后，依据这 32 个范畴之间的内在逻辑关系，归纳出 12 个主范畴。基于已有文献表述及实地调研材料，并结合研究目的和研究内容，本书对主范畴和核心范畴进行了内涵解释，详见表 3.8、表 3.9。

表 3.8　主范畴内涵解释

主范畴	内涵解释
社会逻辑	科创网络建构的社会逻辑是指科创网络在满足社会供需的过程中，在兼顾经济效益的同时，将社会利益最大化放在首位的制度逻辑，其以社会贡献度为衡量标准，强调以解决社会公共问题为导向的应用技术创新
商业逻辑	科创网络建构的商业逻辑是指科创网络在满足社会供需的过程中，在兼顾社会效益的同时，将经济利益最大化放在首位的制度逻辑，其以经济净收益为衡量标准，强调以经济价值为导向的应用技术创新
数字赋能	科创网络升级的数字赋能是指利用数字技术实现现有业务改进、效率提升、价值创造方式的重塑过程，并通过数字技术的推广应用，实现降低运营成本和交易费用的目的
转型逻辑	科创网络的转型逻辑是指重构平台的收入结构与成本结构，进行商业模式创新，并通过数字化共享设备资源提升平台的创新能级，实现信息服务的智能化、定制化，提升科创服务业务效率，进而促进当下科创网络的转型升级
资源集聚	科创网络产生的资源集聚效应是指科创网络形成后，各类创新主体和创新相关的经济活动向科创网络聚集，其在科创网络上集聚所产生的经济/社会效益会吸引更多创新主体和创新活动向网络汇集，从而产生资源集聚效应
共享效应	科创网络产生的共享效应是指通过经济组织形式变革打破技术/知识在不同主体/区域间的共享组织障碍，从而打破创新资源流动方面存在的限制，降低企业从科创网络中获取异质性创新资源的成本，促进资源的流入与流出，进而形成创新共享效应
学习效应	科创网络产生的学习效应是指科创网络中的各创新主体在长期的创新合作过程中，积累技术设计、产品生产等创新经验及管理经验，从而将创新效率和科技成果转化率的提升显现化的过程。其中，学习意向是推动科创平台网络内知识外溢与学习的必要条件，是对科创平台网络内的"吸收能力"产生直接影响的因素
激励约束	科创网络产生的激励约束效应是指激励约束主体根据组织目标、科技企业/科研人员的行为规律，通过各种方式激发他们的创新动力，使其能够积极主动地进行创新，同时规范和协同他们的行为，使之朝着激励主体所期望的方向前进

表3.8(续)

主范畴	内涵解释
创新绩效	科创网络的创新绩效是指创新主体推出和实施符合可持续发展要求的创新项目后，获得的经济、科技、社会等方面的效益/成果，既体现为创新能力的专利发明，又体现为产业实践的价值获取；既包含微观层面企业创新绩效，也包括中观层面的科创平台网络协调效应，还包含宏观层面的企业群落创新绩效
创新能力	科创平台的创新能力是指科创平台中各科创主体在技术和各种实践创新活动中不断提供具有经济价值、社会价值、生态价值的新思想、新理论、新方法和新发明的能力。具体包括创新领域的选择能力、研发突破能力、集成共创能力和学习互动能力等
产业实践	产业实践是指在科技创新成果转化，实现产业化后，才能促进创新驱动发展战略的落实。既可以通过增加产业规模、吸纳就业来增加生产总值，实现规模经济；又可以增加从业人数和再就业人数来丰富产业实践所需的人力资本
创新政策	科创网络所处的创新政策环境是指政府通过营造创新环境，为促进创新活动的产生和发展、规范创新主体行为而制定并运用的各种直接/间接的政策和措施的总和，它涉及税收、金融、人才、产业等各个方面的政策支持/引导。既有财政扶持、税收减免的激励政策，又有"黑名单"的约束与限制规制政策

表3.9　核心范畴维度内涵解释

核心范畴	内涵解释
建构逻辑	科创网络的建构逻辑由政府主导的社会逻辑和市场主导的商业逻辑两部分构成。一方面，政府通过公共服务共享和公共技术研发等行为，以实现社会效益最大化为目标对科创网络进行建构；另一方面，由企业、研发机构等形成的创新市场通过建设科技服务交易平台和技术合作创新组织等方式，以经济利益最大化为目标对科创网络进行建构
升级逻辑	科创网络的升级逻辑是指在已有科创网络的基础上，对现有创新组织/设施及其商业/盈利机制进行转型升级，以适应时代对创新的要求。升级逻辑包含转型逻辑和数字赋能
集群效应	科创网络的集群效应是指网络内聚集着各类异质性创新资源，创新主体具有不同规模和层次的分工合作模式，以及与创新密切相关的各类机构、组织等行为主体，它们通过纵横交错的创新网络聚集在一起。因此，科创网络代表了介于市场和等级制之间的一种新的空间经济组织形式
同群效应	科创网络的同群效应是指处于科创网络中的各创新主体的行为不只会受到自身特质的影响，同时还会受到周围同质创新主体的影响，从而改变单一创新主体存在时可能采取的行为

表3.9(续)

核心范畴	内涵解释
创新行为	科创网络的创新行为是指网络中的各创新主体为了在竞争中占据优势地位，通过研发新技术、采用新生产方法、开辟新市场、优化组织形式等方式而获得超额利润的行为
创新环境	科创网络所在的创新环境是指某区域科创网络内的创新主体、各种异质性创新资源/条件、协调各种要素间关系的激励与约束制度及其政策的总和

五、科创网络效应机理

前文通过扎根研究挖掘出北京中关村、武汉东湖和上海张江三地自创区科创网络形成的影响因素及科创网络建构之后形成的网络效应。接下来，本书将以此为基础，深入探索二者与科创网络绩效间的作用机制，以期为国家自创区科创网络的建立，提升科创网络绩效提供可行路径。本书以扎根研究得到的各要素间关系为基础，对上述研究结论进行拓展，构建出更为详细的科创网络建构、科创网络效应及其绩效间作用机理的分析框架，如图3.5所示。

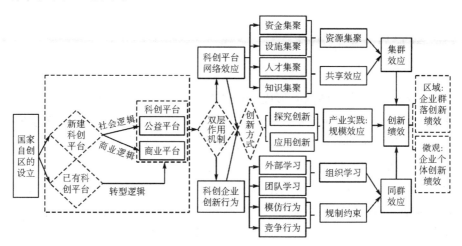

图3.5 科创网络建构、科创网络效应及其绩效机理分析框架

国家自创区通过新建科创平台与已有科创平台来影响科创网络的形成与发展。科创平台可以将各个创新主体之间通过简单的线性合作实现的原始创新活动转化为网络化的协同创新过程，进而整体提升科创平台的创新效益（谢家平 等，2017）。因此，通过公益或商业化的科创平台可以提升科创网络的绩效。新建科创平台作为自创区设立以后建立的功能型平台，依托政府主导的社会逻辑和市场化运作的商业逻辑来分别影响科创网络公益平台和商业平台。已有科创平台主要分布在东部沿海发达地区，其表现形式包括科技企业孵化器、高新技术开发区、科技园区等（孔詠炜 等，2022），可以通过数字能力与迭代能力的转型逻辑来达成科创平台网络协调效应。科创网络形成的双层作用机制包含科创平台网络效应与科创企业创新行为。科创平台网络效应经由资金集聚、设施集聚来实现科创资源的集中；通过人才集聚、知识集聚的扩散与吸收效应来形成共享效应，进而实现集群效应。在技术创新中，企业的创新行为会产生模仿与学习的学习效应，并产生一种激励约束，进而产生同群效应。企业通过进行探究式创新和应用式创新来形成规模效应，进而提升其创新绩效。双层作用机制的终极目标是通过集群效应与同群效应的融合与互补，提升资金、基础设施、人才、知识等资源的集聚水平与共享溢出能力。集群效应和同群效应影响创新绩效的作用方式主要通过宏观层面企业群落创新绩效和微观层面企业个体的创新绩效两个方面。

第五节　本章小结

　　本章旨在探索科创网络形成、科创网络效应及其绩效间的作用机制，为自创区情景下科创网络的建构提供有效实践路径，也为实现创新驱动发展目标、提升科创绩效提供有力的理论指导。本章节运用严密的程序化扎根研究方法，以大量的政策文件为数据基础，挖掘出科创网络建构、科创网络效应及其绩效间作用机制的关键因素，包括"社会逻辑、商业逻辑、数字赋能、转型逻辑、资源集聚、共享效应、学习效应、激励约束、创新绩效、创新能力、产业实践、创新政策"12 个关键因素。

　　正确把握科创网络建构、科创网络效应及其绩效作用机制的关键在于厘清因素间的内在联系，归纳因素间的关系脉络。因此，本章对由自创区政策文件提炼的主副范畴展开了深度分析。本章为了构建科创网络建构、科创网络效应及其绩效机理分析框架，对主副范畴展开了多轮分析和考察，在严谨的逻辑思辨的基础上对主范畴及相应的副范畴之间的关系展开了深入的对比分析，并反复地听访谈录音，以确定各个范畴之间的关系，从而归纳出范畴间的关系脉络，进而形成本书的"故事线"，最终归纳出"科创网络建构要素、网络效应要素、科创平台运营要素"三个主核心范畴，以及"建构逻辑、升级逻辑、集群效应、同群效应、创新行为和创新环境"六个主核心范畴的隶属维度。

　　本章主要通过扎根理论提炼出科创网络作用机制的主副范畴，并厘清其"故事线"，首次提出了科创网络对创新绩效作用机制的分析结构，从全局视角对科创网络进行分析，构建了包含科创网络建构要素、科创网络效应要素和科创平台运营要素的多层次理论框架。在已有科创网络领域前沿研究的基础上，本书采用实证研究方法，进一步验证科创网络各影响因素之间的内在联系，及其对宏观企业群落和微观企业创新绩效的作用机理，为创新管理提供新的策略。

第四章 科创平台目标定位与网络协调效应机理

本章结合第二章科创理论和第三章扎根理论，在科创网络建构要素的基础上，研究科创平台目标定位对科创平台网络协调效应的影响，并进行了一系列的研究设计。首先，本章根据调研的基本原理，对初步调研形成的问卷调查表进行了详细分析；其次，在借鉴国内外建构逻辑（商业逻辑、社会逻辑）、转型逻辑、科创平台构建、市场主导、政府引导和科创网络协调效应等核心变量成熟量表的基础上，课题组选择和设计了适用于本研究具体情境和主题的各变量量表；最后，课题组对初步形成的调查问卷进行发放，并在此基础上对其进行初步研究，并根据反馈的结果对问卷进行修改，形成最终版的调查问卷。

本书通过实证研究，发现科创平台目标定位有助于提升科创平台网络协调效应，建构逻辑与转型逻辑的中介机制增强了科创平台网络协调效应。同时，本书探究了政府引导、市场主导调节效应对科创平台网络协调效应的影响，发现市场主导调节效应通过商业逻辑和转型逻辑对科创平台网络协调效应产生正向影响；政府引导正向调节科创平台目标定位与商业逻辑之间的关系；市场主导和政府引导共同作用下的调节效应通过社会逻辑和转型逻辑增强了科创平台的网络协调效应。本章的新颖性和独特性在于，基于科创网络理论，整合了建构逻辑和转型逻辑，通过引入市场主导和政府引导作用，丰富了提升科创平台网络协调效应的边界条件。

第一节　科创平台目标定位

（一）科创平台相关研究

在经济全球化的背景下，科技创新的重要性与必要性日益凸显，而作为推动经济发展的主体力量，科创平台的协调作用是实现可持续发展与提升核心竞争力的必要条件（谢家平，2021）。随着创新技术的日趋复杂，创新成本与创新风险的增加，创新资源的缺乏，使得企业必须打破现有的壁垒，通过科创平台与各类创新主体进行协调，形成优势互补，才能完成重大科技创新，提升创新绩效，增强竞争力（孔令丞 等，2019）。

1999 年，美国竞争力委员会首次提出了"创新平台"这个概念，该概念包含了创新基础设施和创新过程中的关键要素（曾昆，2017）。开放式创新平台是构建科创平台的基础。开放式创新（open innovation）是开放企业传统封闭式的创新模式，引入外部知识以激发创新理念（Chesbrough，2017）。随着开放式创新的不断发展，开放式创新平台应运而生，通过该平台有助于实现企业与用户间更好的实时沟通与交流（Laursen & Salter，2006）。平台中的支持者、创新者或问题解决者通过提交一个或多个想法来解决所面临的问题。开放式创新平台的发展由经济因素、技术生产因素、组织因素、人员因素和信息因素共同决定（Troise et al.，2021）。科创平台作为开放式创新平台的延伸，是指对科技资源进行集成和集聚，以开放共享为特征，支持和服务于科研和技术发展的科技组织（谢家平，2017）。科创平台是聚集科创资源的重要载体，是支撑与服务科学研究和技术开放活动的科技机构或组织，具备资源集聚性、功能协调性、开放合作性、主体多样性等特征（孔誄炜 等，2022）。科创平台通过吸纳、集聚、整合全社会的创新资源，围绕共性技术和高精密技术这两个核心问题展开研究，实现创新要素在网络中的流通和共享，最终实现科创平台网络的协调发展（Carroll et al.，2017）。然而，我国的科创平台面临着目标定位不清晰、平台成员间缺乏有效互动与协同，平台网络作用机理不清晰（王雪原和王宏起，2013）、平台成员之间的有效协同不足等问题（唐承丽 等，2020），亟待研究科创平台目标定位与协同绩效的关系机理。

（二）科创平台与创新绩效间的关系

科创平台相关研究主要从创新网络要素（贺灵 等，2012）、创新网络嵌入性（李永周 等，2018）、科创平台网络特性（王雪原和王宏起，2013）等方面探讨了上述因素对平台创新绩效的影响。例如，孔詠炜等（2022）通过实证研究发现，科创平台集聚的资源及其平台网络结构有助于提升平台科创效益，并且这种提升作用是通过平台的网络化组织发挥资源整合能力和利用能力来实现的。Turyahikayo（2021）运用网络治理理论构建了科创平台网络结构和关系对行动者创新行为的影响模型，实证研究发现网络嵌入性会对创新行为产生正向促进作用。Zhao（2021）提出一个良好的科创平台可以促进合作所需信息的搜索、聚集和流动，从而降低创新成本，提高创新绩效。Cantù 等（2021）通过两个纵向案例和定性访谈研究发现，科创平台上主体之间的联合规划和创新协调活动有利于创新平台在不同阶段的发展。同一科创平台上的成员通过创新协调活动与知识共享来提升创新绩效（Wang & Hu, 2020）。在科创平台的网络结构下，企业间的竞争与融合更加密切，同时，伴随着协作与创新的深度，创新个体间将继续维持一种"非线性"的互动模式（万幼清和王云云，2014；Boudreau & Jeppesen, 2015），这使得科创平台间的关联更加错综复杂，亟须对其进行有效的协调。科创平台是加速科技专利产业化转化进程，促进产业技术创新资源共享化、一体化、集成化的网络支撑体系，能够通过网络关系和网络结构的嵌入达到各主体之间的目标协同，进而产生协调效应，提升科创平台创新绩效（谢家平 等，2019）。科创平台为企业集聚了大量的创新资源，增强了不同企业之间的协调、信任、合作，增强了企业的协同创新能力（罗巍，2015）。科创平台的目标定位是充分发挥科技资源优势，在平台内聚焦核心技术与共性技术，建立资源共享、优势互补、紧密协作、互利共赢的科创网络，协调平台上创新主体之间的利益关系，实现科创平台发展目标和盈利目标（Carroll et al., 2017）。

（三）科创平台网络协调效应

科创平台网络协调效应是科创平台目标实现的最直观的方式。然而，科创平台网络协调创新具备复杂性和动态性的特征，使得协同创新过程中风险较大，导致了多个创新主体之间的不稳定性（Dettmann, 2015），从而降低了协同创新的总体效益。谢家平（2017）以科创平台网络特征为出发点，在梳理和借鉴知识网络、社会网络、联盟知识和交易成本等理论的基础上，从网络嵌入视角出发，对科创平台网络的结构与特征进行了研究，发现科创平台网络协调效应不足将影响企业创新绩效与竞争优势的发挥，从而阻碍科创平台的可持续发展。因此，必须根据科创平台的发展目标，对其运作逻辑进行清晰的梳理，以提高科创平台的协调效果。

总体来看，学者们普遍肯定科创平台对创新绩效的提升有正向促进作用，尤其是证实了科创平台可以为科技资源价值链上的各利益方带来价值，并且在提高科技资源使用效率、优化科技资源配置、减少科技创新成本和增强科技创新竞争力等方面发挥着重要作用（朱长宁，2015；杨行等，2015）。然而，在科创平台的实际运行中，由于科创平台网络中创新主体间共享意识薄弱、合作动力不足、沟通不顺畅，导致平台运行受阻和有限的科技资源不能得到有效共享，从而制约了科创平台发挥网络协调效应。

现有文献对于科创平台目标定位、科创平台运行逻辑、科创平台网络协调效应之间关系的研究还很少。科创平台领域的研究相对零散，缺乏系统的整合，相关的实证研究仍然缺乏。因此，科创平台目标定位对科创平台网络协调效应的研究是值得深入探讨。

本章节研究试图回答以下三个问题：①科创平台目标定位是否影响科创平台网络协调效应？②科创平台目标定位是否能通过不同运行逻辑（建构逻辑和转型逻辑）来影响科创平台网络协调效应？③科创平台目标定位在何种边界条件下影响科创平台网络协调效应的形成？

本章节在第三章扎根理论的建构逻辑和转型逻辑对科创平台网络协调效应的影响基础上，基于问卷调查系统地分析了两者对科创平台网络协调效应的影响，并分析二者影响的异质性。最后，引入市场主导和政府引导的调节效应，分析其对科创平台目标定位与建构逻辑和转型逻辑之间的调节作用。

本章节的实证结果表明，科创平台目标定位显著正向促进科创平台网络协调效应，即科创平台目标定位越清晰，越有利于不同创新资源的整合利用，进而提升科创平台网络协调效应。建构逻辑和转型逻辑分别在科创平台目标定位和科创平台网络协调效应间存在中介效应。市场主导的调节效应通过建构逻辑下的商业逻辑和升级逻辑下的转型逻辑影响科创平台网络协调效应。政府引导的调节效应通过建构逻辑下的社会逻辑影响科创平台网络协调效应。

第二节　理论梳理与研究假设

一、科创网络理论分析

科创网络理论源于社会网络理论（Freeman，1991），其由系统性的制度安排和合作关系组合而成，网络中各创新主体通过社会互动行为不断学习和进步，突破共性技术壁垒，进而提升创新能力（孔令丞 等，2019）。各创新主体间存在较强的资源、结构及功能等优势互动互补的特性，使之具有潜在的结合与协作能力。可见，科创网络作为政府组织、经济组织和科技组织等异质性组织间合作的载体，能够提升创新绩效。科创平台是由政府、企业、高校和研究所等多主体组成的重要创新平台，伴随着其创新行为的不断深化，其成员所处的外部知识和社会关系网络逐步被嵌入其中，使得原本单纯的线性结构变得更加丰富和复杂（谢家平 等，2017）。科创平台网络结构中，既有合作关系，也有竞争关系，并且伴随着创新主体之间的协作，多个主体之间呈现出非线性关系（万幼清 等，2014），这使得科创平台网络结构更加复杂，亟须通过对各主体之间的利益进行协调，以达到科创平台网络结构的协同效果（Davies et al.，2018）。

根据科创网络理论，由科创平台组成的网络结构具备资源的开放性、整合性、互补性等特征，这些特征能影响科创平台的运行逻辑，进而帮助实现科创平台的网络协调效应。首先，科创平台网络的开放性有目的地综合利用外部知识和内部知识的流入和流出，并把内外部创新资源整合到一个结构中进行研发，进而实现商业化的过程（Chesbrough，2017）；其次，面对市场环境的不确定性与资源的约束，科创平台网络的资源整合有助于企业识别、获取、构建、再配置与生成内外部创新资源，实现科创网络内部与外部资源的协同发展（梁海山和王海军，2018）；最后，科创平台网络的资源互补性是指合作创新网络中，合作伙伴为企业提供相互需要的独特资源与技术，从而提高企业的创新能力，并能为企业带来更大的收益与效用（王丽平和何亚蓉，2016）。鉴于此，本章将科创平台视为一种网络组织，将平台运行逻辑视为中介机制，以"科创网络特性"为切入点，对科创平台目标定位与科创平台网络协调效应之间的关系进行了实证检验。

二、科创网络建构的理论假设

科创平台既是创新模式转换的驱动因素，又是创新资源内外融合、优化分配的关键因素，同时也是企业成长、经济增长的关键驱动因素。科创平台可以把相同科技领域的企业、高等院校和科研机构聚集起来，从而形成聚集科创技术、科创人才、科创资金、科创政策等创新资源的集群式创新组织，其表现形式包含科技企业孵化器、高新技术开发区、科技园区、研发与转化功能型平台等（孔令丞 等，2019）。科创平台目标定位就是激励多主体间的协同创新意愿，并最终提高协同创新效益，推动创新活动进展（方正起和黄达，2019）。科创平台的目标定位是战略定位的延伸。具体而言，就是考虑科创平台重点龙头企业、高校/科研院所、政府机构、中介服务机构、金融机构等利益相关方的目标需求，结合总体目标和阶段性目标，设计商业模式的战略定位，选择科创平台发展方向的过程。例如，企业希望提高自身的竞争力和利润水平，研究机构希望转化研究成果，科创平台希望协调不同创新主体的利益，进而实现创新效益的最大化（McCaffrey et al.，2015；Gawer，2021）。科创平台的战略目标不同，其运作逻辑也不同。科创平台的网络协调效应是指创新主体之间通过协同互动，实现优势资源的共享和稀缺资源的互补配置，从而达到"1+1>2"的资源利用效果（Bonina et al.，2021）。

科创网络理论为解释科创平台目标定位与科创平台网络协调效应的关系提供了理论视角。科创网络是由政府、企业、大学、科研机构和金融机构等多主体协同创新的组织形式（张满银 等，2011）。Harland（2001）提出，科创网络应该包括三个要素：创新主体、创新活动和创新资源。科创平台满足了科创网络形成的基本要素。具体而言，科创平台中的行为主体包含企业、高校、研究机构，其借助平台进行一系列创新活动，获取、共享和应用科创人才、科创设施、科创资金等创新资源，因此科创平台形成了网络形态。科创平台为创新主体进行有价值的资源和信息的交流、互动、共享和传播提供了一个良好的创新环境。根据科创网络理论，企业参与科创平台后可以构建属于自己的外部知识网络，促进创新主体之间的互动与知识的分享，促进创新资源的重组，并对科创网络中的内部资源进行整合，从而为企业提供一种互补性的创新资源，弥补创新主体自身所存在的不足，进而实现科创平台网络的协调效应。

结合第三章扎根理论的网络构建要素理论模型，本章节将对建构逻辑、社会逻辑和转型逻辑三方面理论提出四个研究假设，旨在实证分析科创平台目标定位对科创平台网络协调效应的作用表现。科创平台目标定位与科创平台网络协调效应主要体现在以下三方面：

首先，科创平台的目标定位是满足各利益相关者的需求，积累不同的创新主体形成网络形态，紧密推动创新。科创平台通过聚集不同创新主体形成网络形态，促进创新主体之间的紧密协作、频繁互动（肖红军和李平，2019），共享人才、资金、设备等创新资源，能够降低创新主体获取创新资源的时间与资金成本，从而提升科创平台网络的协调效应。科创平台通过知识创新获取前沿知识并积累知识资源，利用知识共享来促进集群企业、企业与其他组织之间的知识交换，有效降低知识开发的成本与风险（黄林，2014）。此外，科创平台通过服务相关主体，使相关利益主体合理分担创新活动中的不确定性风险，降低研发成本，提高创新主体的风险分担意识（谢家平 等，2021），科创平台弥补了创新主体的不足，充分发挥了科创平台网络协同效应。

其次，依托科创平台可以将零散的创新资源进行有效整合，将重要的创新资源配置到具有战略意义的环节，切实提升创新链条配置资源的能力（谢家平 等，2017）。具体来说，科创平台能够整合创新要素、协调创新过程、提供创新服务支持、激励创新主体合作（Gulizhaer et al., 2022）。马宁（2006）认为科创平台网络中多主体的合作可以有效优化资源配置效率，使创新主体持续进行技术创新。科创网络为企业提供了一个开放式的、知识和技术共享的环境，使其能够在此基础上实现对自身及其他创新主体的有效整合（赵波 等，2019）。Chesbrough（2017）研究发现，企业可以借助创新网络寻找和获得外部资源，进而扩大企业的知识储备，推动企业的创新行为。

最后，科创平台网络有利于知识的共享，能够最大化地利用合作方特有的优势资源，提供互补性创新资源，弥补创新主体自身所存在的不足，达到合作共赢的目的。科创平台网络能够通过人才要素、资金要素、设施要素的集聚效应，更快速、更低成本地获得各类知识与技术资源。在科创平台上，各创新主体通过知识的获取、转移、运用与反馈等促进知识的共享、转移和创造，发挥知识的"外部性"和"溢出效应"，从而形成知识优势。知识流动的效率直接影响着协同创新的成败（涂振洲和顾新，

2013）。由此可见，加强知识共享有助于开放各平台资源信息，从而吸引更多的合作伙伴加入，推动科创平台网络的协调发展。

基于以上科创平台目标定位对科创平台网络协调效应影响三方面的分析，本文提出如下假设：

H1：科创平台目标定位显著正向影响科创平台网络协调效应。

（一）建构逻辑机理

自创区设立存在一定的差异，既有高新区升格为自创区，又有工业园区升格成为自创区。因此，科创平台的构建过程也存在差异，高新区升格的自创区，由于自身已具备创新特征，成为自创区以后，科创平台通过数字赋能机制来提升其创新效率；而工业园区升格成的自创区，原有商业模式在于生产制造，难以满足企业创新需求，亟待科创平台的商业模式升级迭代，以提升科创平台协调效应。对于升格而来的自创区，数字赋能与商业模式创新相互促进，构成科创平台的转型逻辑。为了发挥创新驱动效应，自创区还需要新建科创平台；为了共享技术创新成果，科创平台利益相关者需要凸显社会价值最大化，这一过程往往由政府主导建构；为了商业性技术开发，利益相关者主要追求经济价值最大化，部分科创平台由市场主导构建和发展，以提升其创新效率。对于升级后的自创区来说，数字赋能和商业模式创新相互促进，构成了科创平台的转型逻辑（见图4.1）。

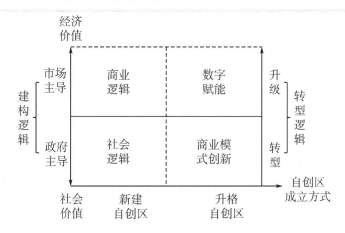

图4.1　建构逻辑与转型逻辑的关系

基于第三章扎根理论科创网络建构要素的理论模型，课题组深入分析建构逻辑的中介作用，并提出建构逻辑对科创平台目标定位与科创平台网络协调效应的中介作用的假设。图4.1的四个象限表示不同的运行逻辑。

据 Thornton 和 Ocasio（2008）提出的定义，制度逻辑（institutional logic）是指社会共享的规则、规范和价值观，其决定了组织的目标，并规定了组织实现目的的方式和行为。

在科创平台情景下，建构逻辑包括两部分内容：政府引导的社会逻辑和市场主导的商业逻辑（Mair et al., 2015；Shepherd et al., 2019）。社会逻辑（social logic）强调民主自治、解决社会问题与创造社会价值；商业逻辑（commercial logic）强调商业化实践、效率与利润最大化（Gulizhaer et al., 2021）。一方面，政府通过公共服务共享和公共技术研发等行为，以实现社会效益最大化为目标，建构科创网络；另一方面，由企业、研发机构等形成的创新市场，通过建设科技服务交易平台和技术合作创新组织等方式，以经济利益最大化为目标，建构科创网络。科创平台的转型逻辑是重构平台的收入结构和成本结构，进行商业模式创新，通过数字化赋能提升平台的创新能力。商业模式创新以盈利能力和资源为基础，旨在实现企业、合作伙伴和客户利益的经营活动与发展。数字赋能是指有效应用数字技术来发展创新和提升数字能力，强调企业对数字技能的掌握和应用（Mair et al., 2015）。为了更好地描述科创平台运行逻辑之间的联系与差异，本书在前人研究的基础上，总结了科创平台运行逻辑描述，见表4.1。

表 4.1　科创平台运行逻辑描述

制度逻辑	建构逻辑		转型逻辑	
分类	社会逻辑	商业逻辑	数字赋能	商业模式创新
特征	社会福利最大化	商业利润最大化	同质性、可复制性、迭代性和可编程性	新颖性、互补性、独特性、效率性
不同之处	社会价值首位	商业价值首位	数字化转型首位	价值共创首位
相似之处	提升科创平台网络协调效应	提升科创平台网络协调效应	提升科创平台网络协调效应	提升科创平台网络协调效应
主导因素	政府引导	市场主导	市场主导	市场主导

建构逻辑与转型逻辑是一种平行关系。科创平台在运营初期，依托建构逻辑下的商业逻辑和社会逻辑，满足不同利益相关者的需求，协调其他创新主体的利益。科创平台无法仅仅依靠建构逻辑来协调科创网络中的利益。随着数字技术的日益发展，平台通过数字赋能和商业模式创新，为科创平台内的创新主体提供多元化的创新资源。基于建构逻辑理论，科创平

台商业逻辑具体内容如下：

1. 商业逻辑

面对当今竞争日益激烈的商业环境，科创平台只有不断地提升商业价值，才能有效促进企业的创新和提升企业的创新绩效。科创平台的商业逻辑是反映科创平台在运行过程中将企业经济利益放在首位的运行逻辑，并通过企业经济表现来获取竞争优势（Thornton，2004；Fisher et al.，2017）。Gulizhaer 等（2021）的研究指出，商业逻辑在协调客户、供应商、员工、政府、竞争对手、投资者共识的过程中扮演着中介的角色。具体来说，科创平台的商业逻辑有利于集聚科创资源与科创人才，可以降低企业技术交易成本和研发成本，最终提高各创新主体的利润水平。此外，科创平台的商业逻辑在一定程度上规避了企业"搭便车"现象，通过提升科创平台内创新主体的市场竞争优势，营造了良好的市场环境（Chi et al.，2018）。因此，科创平台通过展示商业逻辑来促进创新资源的流动与溢出。基于上述分析，本文提出如下假设：

H2a：建构逻辑下的商业逻辑在科创平台目标定位和科创平台网络协调效应间存在中介效应机制。

2. 社会逻辑

社会逻辑指的是将社会需求作为重点，将创新成果的应用价值作为考量，将重点放在解决具体问题的应用研究与技术研究上，将社会贡献度作为衡量标准，以提升社会整体效益为导向的一种平台运行逻辑（Mair et al.，2015）。对科创主体的创新活动来说，社会逻辑主张企业追求创新不仅是目的，更是一种服务社会的价值理念。社会逻辑理念下的研究活动被视为社会大众的一种信任委托。在推动创新和研发的过程中，这种理念特别强调将科研成果转化为实际应用，以实现社会价值。企业在开展创新活动时，这种理念促使他们在追求技术革新的同时，也要考虑其对社会的积极影响和价值贡献，从而在创新过程中融入对社会责任和道德标准的考量。

科创平台的社会逻辑主要体现在以下几个方面：以社会需要为基础，关注社会创新和发展中存在的现实问题，并将重点放在研发新技术和新方法上，以帮助社会公众解决现实问题（Shepherd et al.，2019）。社会逻辑有助于科创企业获取利益相关者的信任，从而提高科创平台网络的协调效应（Dart，2004）。科创平台的社会逻辑评价标准是强调创新行为的现实适宜性和对经济社会发展的贡献，以提高社会福利为目标，把研究视为解决社会问题的手段。科创平台的社会逻辑要求企业在创新过程中主动承担起推动社会发展、提高人类生活质量、服务社会发展与进步、实现创新技术价值等责任。

同时，科创平台具有公共空间属性，说明企业在进行创新活动时必须要考虑平台其他利益相关者的权利，从客观上增加企业社会责任，使企业在面对创新活动时保持更高的开放性和包容性，进而促进科创平台网络协调效应（Fisher et al.，2017）。因此，提高科创平台企业社会责任的社会逻辑，有助于增强科创平台用户、公众和政府部门对科创企业的积极评价和接受程度，实现科创平台网络的协调效应。结合第三章扎根理论建构要素理论模型，本书提出如下假设：

H2b：建构逻辑下的社会逻辑在科创平台目标定位和科创平台网络协调效应间存在中介效应机制。

（二）转型逻辑机理

基于第三章扎根理论模型中的升级逻辑，本节对升级逻辑中的转型逻辑做出理论模型假设。科创平台的转型逻辑是指重构平台的收入结构与成本结构，对商业模式进行迭代式创新，通过数字化共享设备资源提升平台的创新能级，实现信息服务的智能化、定制化，从而提升科创服务业务效率，促进现有科创平台网络的转型升级。陈春花（2021）通过调研发现，70% 的中国企业优先考虑将数字能力纳入组织发展中，并试图在数字技术与数字设备嵌入等数字化赋能转换与数字化升级的基础上，建立一种具有数字敏捷性与数字适应性的商业模式。上述数据表明，企业要想保持市场竞争力，就必须提升数字能力和迭代能力。数字技术具有同质性、可编程性、迭代性和可复制性等特点，可以突破组织、行业和地域的空间界限（刘洋，2020），从而降低企业创新成本，提升科创平台网络协调效应（Nambisan et al.，2017；戴德宝 等，2022）。因此，转型逻辑的中介作用主要体现在以下四个方面：

一是科创平台网络中平台成员之间存在一定的物理距离，而利用数字技术的同质性，可以实现数据的实时分享、商业信息的流通、组织间的资源共享、技术服务的集成（Yoo et al.，2012），进而降低企业获取创新资源的成本和成员间的沟通成本，提升沟通与信息交互的效率，拓宽沟通的领域，这将有助于各成员进行协同创新（戚聿东和肖旭，2020）。二是利用数字技术的可编程性，使得数字产品能够根据用户的需求进行重组（Yoo et al., 2012），并且在数字创新过程中出现许多衍生创新（Nylén & Holmström，2019），进而提升科创平台网络协调效应。三是通过数字技术的迭代性重构创新场景，对创新产品与信息进行及时更新，提升组织的管理效率与价值，从而形成新战略模式。这种战略模式提供了数字创新远景、行动方案和战略方面的具体知识。在科创平台网络内部，多主体之间通过充分交流，对这些知识形成了共同理解（刘洋 等，2020）。科创平台迭代能力是在创新驱动下，全面采用数字互联科创设施，实现社会化共享、数字化触网，以调整共创商业模式（谢家平 等，2015）。四是利用数字技术的可复制性，实现数据、代码、流程和系统的共享，并在此基础上形成差异化的策略和目标，从而形成新的竞争优势（刘洋 等，2016）。科创平台与其运营的企业通过紧密协作实现价值创造，即价值共创（value co-creation），可以实现单个企业仅靠自身无法实现的创新绩效（汪旭晖和张其林，2017）。基于第三章扎根理论转型逻辑和上述对转型逻辑具体分析，本书提出以下假设：

H3：转型逻辑在科创平台目标定位和科创网络协调效应间存在中介效应机制。

三、科创网络建构的调节效应

政府和市场在创新资源配置中发挥着重要作用。科创平台的发展是在市场主导的内生力量和政府引导的外生力量的同时推动下，实现"1+1>2"的发展效益。林毅夫（2017）提出，"有为政府"和"有效市场"的双重角色对中国的创新和发展至关重要，它们形成了一个有机的、互补的、相互促进的格局。对此，作为"有形之手"的政府与作为"无形之手"的市场在资源配置的过程中究竟呈现何种关系，也成为学术界关注和研究的焦点。因此，本书进一步探究市场主导和政府引导的调节效应。

（一）市场主导的调节效应

市场主导是资源配置的一种方式，它提倡鼓励组织全员共同创造卓越客户价值，进而为实现企业利润而努力（Narver，1990），可以为提升全体社会福利带来益处。市场主导环境下，企业受巨大市场利润的吸引，会积极主动进行创新活动（Silva et al.，2009）。为提升创新活动的成功率，企业会增加自身控制资源的能力（Chen et al.，2020），从而强化了商业逻辑。在市场主导下，企业根据市场动态和顾客需求，通过多渠道搜索知识，并进行深度的资源整合、利用，来提升创新效益（谢家平 等，2022）。企业通过深度搜索知识，可以有效地整合市场知识，降低研发成本，提高知识的利用效率。市场主导下的科创平台可以减少成员间搜索、获取、整合市场信息的时间和资金成本，有利于增强科创平台目标定位与商业逻辑之间的关系，进而提升科创平台网络协调效应。

在竞争激烈的市场环境中，市场主导对企业至关重要，它不仅能够扩大企业获取市场需求信息的范围、促进资源投入和创新活动、构建适应市场需求的组织结构和价值网络，还能有效促进科创资源的流动与溢出，更好地满足客户特定需求，并最终提升企业的社会和经济绩效。市场主导下，企业可以更好地了解并满足客户的特定需求（Bhattarai et al.，2019）。市场主导下，企业可以更好地了解并满足客户的特定需求（Bhattarai et al.，2019）。已有研究发现，市场主导有利于满足客户等利益相关者的需求，进而提升企业社会绩效（Ma，2012；Hong & Cho，2012；Kazemian et al.，2020）。

转型逻辑下的数字技术具有即时性特征，有利于加快上游研发端、中游生产端与下游用户端之间的互动与反馈速度，加快各创新主体获取信息与资源，创新主体可以在互动过程中，通过整合创新信息提升科创平台的网络协调效应（Han et al.，2022）。同时，市场主导下的数字技术具备透明性特征，能够缓解信息不对称带来的问题，提升创新主体间的价值认同，从而实现价值共创（Yoo et al.，2012）。基于以上分析，本书提出以下三个假设：

H4：市场主导的调节效应通过建构逻辑下的商业逻辑影响科创平台网络协调效应。

H5：市场主导的调节效应通过建构逻辑下的社会逻辑影响科创平台网络协调效应。

H6：市场主导的调节效应通过转型逻辑影响科创平台网络协调效应。

（二）政府引导的调节效应

政府引导是指以政府为主体，通过制定和颁布政策法规或采取一系列行政手段对不同组织进行干预，意在通过干预企业市场行为来弥补市场失灵问题（柴泽阳和孔令丞，2021）。政府是科创平台体制的设计者、引导者和协调者。政府的引导作用体现在组织协调创新策略、支持产业政策、促进协同创新等方面。政府引导会对科创平台成员的行为产生影响，平台成员在政府政策支持下，通过调整创新策略和行为来实现自身目标。政府可以通过产业政策的"有形之手"影响市场。例如，政府制定的产业政策向市场发出明确信号，引导企业按照政府规划作出战略布局，引导资源流向政府希望发展的产业（蔡庆丰和田霖，2019）。政府出台金融支持、财政补贴等创新政策的目的是提升组织的创新能力、提高生产力、增强企业的竞争优势，以及为企业营造良好的创新环境（Guan，2015），而良好的创新环境有利于企业提升其利润水平，进而促进商业逻辑的形成与发展。在政府引导的过程中，政府可以通过技术不断更新和完善政府的运作机制，通过与企业的紧密合作，利用自身的行业资源和客户资源，为公众提供优质、精准、全面的公共服务（黄璜，2020），进而促进社会逻辑的形成。在政府引导下，通过数据的有序流动、有效治理、安全共享，构建以数据为中心的运作机制，打破传统体制机制束缚，以更好地满足人民群众对更加高效、精准的政务服务和公共服务的迫切需求，进而促进社会逻辑的形成。政府和管理部门依托数字技术制定科创平台信息披露机制和管理机制，实现商业发展和保护隐私之间的平衡，协调平台上企业之间的利益关系，避免企业形成垄断（陈剑 等，2020）。政府所营造的制度环境影响数字连接能力、数字聚合能力等，进而会增强创新竞争优势（谢家平 等，2015），提升科创平台网络协调效应。基于上述分析，本书提出以下假设：

H7：政府引导的调节效应通过建构逻辑下的商业逻辑影响科创平台网络协调效应。

H8：政府引导的调节效应通过建构逻辑下的社会逻辑影响科创平台网络协调效应。

H9：政府引导的调节效应通过转型逻辑影响科创平台网络协调效应。

综上所述，结合第三章扎根理论的科创网络建构要素的理论模型，本书提出了科创平台目标定位对科创平台网络协调效应的影响机制路径的一系列假设。这些假设分别基于市场主导与政府引导的调节效应、建构逻辑（商业逻辑与社会逻辑）的中介效应机制、升级逻辑理论下的转型逻辑中介效应机制，从这三方面机制路径深入分析科创平台目标定位对网络协调效应的影响机制，为后续的问卷调查和实证分析提供深厚的理论基础。科创平台目标定位影响科创平台网络协调效应的构念图如图4.2所示。

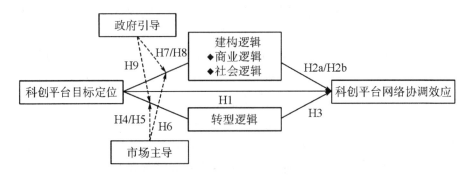

图 4.2　科创平台目标定位影响科创平台网络协调效应的构念图

第三节　科创网络建构的研究设计

一、问卷设计

问卷调查是管理定量分析中应用最广泛的方法。科学合理地运用问卷，可以快速、有效、低成本地收集数据（谢家林，2012）。此外，本书的研究对象为科创平台目标定位、科创平台的运行逻辑、科创平台的网络协同效应等。上述变量涉及的许多数据无法直接从开放的客观数据中获得，因此采用问卷调查的方式比较适合本研究的特点。

（一）问卷设计过程

本书的问卷设计主要根据谢家林（2012）关于问卷设计的建议，依照严格、规范的流程开展问卷的设计工作，具体流程步骤描述如下：

1. 理论思辨，形成初稿

通过阅读大量有关科创平台目标定位、社会逻辑、商业逻辑、转型逻辑、科创平台网络协调效应等领域的文献，在设计问卷的过程中借鉴了国内外成熟的问卷量表，结合有针对性的园区调研访谈，比如北京中关村、上海张江和武汉东湖自创区等，并在课题组范围内进行讨论与思辨，对测量题项进行初步构思。

2. 专家访谈，修改问卷

在正式发放问卷前，将问卷分别发送给一位校内创新创业领域的专家、一位上海科创平台的管理人员和一位创新网络研究领域专家，通过访谈的形式获取问卷设计框架、测量维度和题项措辞等方面存在的问题，并依据他们的修改建议进行详细的修改。

3. 问卷预测，完善题项

在正式问卷发出之前，课题组进行了小规模的预调研。小样本调查对象问卷测试的目的是对问卷的各方面进行评估，包括题项的内容、措辞、前后顺序，整体布局的安排、题项的可做性，以及专业术语注释的有效性等方面。将经专家评审并修改后的问卷，以问卷星的形式发送至北京中关村、上海张江、武汉东湖、深圳自创区、天津自创区、苏南自创区、珠三角自创区等，邀请这些自创区的科创企业中高层管理人员填写问卷。最终，我们收回50份有效问卷。以此数据进行问卷预测，然后根据问卷填写情况、反馈的相关信息及预测数据情况对问卷进行调整，最终形成此次调查的问卷终稿。

4. 问卷结构

本研究问卷由三部分组成。一是介绍课题与致谢的开场白；二是关于企业成立年限、企业所在地区、企业年收入、企业规模和产权性质的调查；三是关于科创平台目标定位、商业建构逻辑、社会建构逻辑、数字赋能、商业模式创新、网络关系嵌入、网络结构嵌入、市场主导驱动、政府引导驱动、科创平台网络协调效应的调查。

（二）问卷可靠性说明

本书的数据主要由访谈和问卷两种方式收集而来。访谈对象主要为各科创平台的经理人，访谈的内容主要涉及科创平台发展的基本情况。问卷采用 Likert 五点量表，测量题项主要采用国内外已发表的学术论文中的成熟量表，并根据本书的研究内容和调研访谈收集到的相关信息对问卷进行设计，邀请课题组中相关领域的三位专家对问卷进行修改。在最终确定问卷内容之前，对问卷进行了专家论证和小范围的预调研，以保证问卷的科学性和可靠性。为了提升研究结果的可靠性，本书的研究采取了一系列措施。

1. 设定问卷对象

本问卷是关于科创平台网络协调效应的调查问卷，若从不相关领域收集问卷，将无法得到客观评价，会对调查造成不利影响。因此，本研究发放问卷时选取的对象是各个科创平台中高科技企业中对该企业较为熟悉的经理等人员，具体包括总经理、副总经理、总经理助理、人力资源和市场部门经理、主管等。通过上述方式可以有效掌握被调查者的认知程度，减少了回收无效问卷的概率。

2. 限定问卷时效

被调查者填写问卷时间间隔越久，越不利于问卷效果。为此，线上和线下问卷作答时间均限定在 15 分钟以内。被调查者均是对科创平台发展有清晰认知的在职人员，通过限定时间内作答来减少记忆模糊带来的偏误情况。

3. 交代调查目的

调查时，一些被调查者由于受一些因素影响，不愿意对问卷上的部分题项进行解答。为避免这类问题的发生，调查问卷的开卷语明确告知本问卷仅供学术研究使用，列有工程编号及名称，并且承诺所有有关的数据信息均保密。

4. 对专业术语进行注解

由于从业人员和理论研究人员背景不同，为了平衡理论研究上的严谨性与具体工作上的通俗性，尽量降低因受访者很难理解题项而造成的不良影响。在问卷设计的过程中，课题组对文献进行深入系统的阅读与分析，尽可能采用成熟的量表，对于问卷上出现的专业名词进行加注解释等，力求在维护研究专业严谨性的前提下，减少对问卷题项理解的错误。

二、样本选取与数据收集

研究样本选自北京、上海、广州、深圳等发达地区与科技创新相关的平台型企业（以下简称"科创平台"）内的高技术企业。原因如下：一方面，作为我国经济最为发达的地区，四地政府已建设起世界一流的自创区，并设立了科创中心，聚集了高端人才和众多的科创平台；另一方面，尽管我国北京、上海、广州、深圳等发达地区科创平台的创新水平已处于世界前列，运营程序相对成熟，但广大中西部地区由于地理区位等限制，其科创平台的发展仍处于初级探索阶段。因此，探讨东部发达地区科创平台对中西部地区科创平台的发展具有十分重要的借鉴意义。

在问卷发放之前，课题组与受访企业取得联系，向其说明了研究目的与相关研究内容，获得了数据收集方面的相关支持。课题组通过线上、线下两种方式发放并收集调查问卷。问卷受访者为各科创平台中高新技术企业中对企业比较了解的经理等人员，包括总经理、副总经理、总经理助理、人力资源和市场部门经理、主管等，其通过匿名的方式填写。受新型冠状病毒感染疫情的影响，对于课题组成员无法线下调研的城市，采取线上填写电子问卷的方式收集数据。

本书的研究的问卷收发时间为 2021 年 7 月至 2022 年 5 月，历时 10 个月。由于本书的研究以自创区内的科创平台作为研究对象，因此，本研究向东部发达地区的 53 个科创平台，共发放问卷 874 份，实际收回问卷 655 份，剔除填写不完整和非正常性填答的 55 份无效问卷，共得到 600 份有效问卷，有效回收率为 68.65%。经统计每个科创平台的问卷回收率均超过半数，符合本研究的基本要求。

三、研究测量

本书测量题项主要借鉴国内外已发表的学术论文中的成熟量表（见表4.2）。根据本书的研究内容和调研访谈收集到的相关信息对问卷进行设计，并邀请课题组中相关领域的三位专家对问卷进行修改。本书测量题项具体如表 4.2 所示。控制变量包括：第一，企业年收入（AI）。企业年收入分为 100 万及以下、101 万~1 000 万、1 001 万~1 500 万、5 001 万~1 亿、1 亿以上五个级别。第二，企业性质（NE）。企业性质分为国有、民资、外资、合资、其他 5 个级别。第三，企业规模（SE）。企业规模分为100 人以下、100~499 人、500~999 人、1 000 人以上四个级别。

表 4.2 变量测量

变量类型	潜变量		变量测量	
	名称	符号	问卷题项	参考文献
自变量	科创平台目标定位	IPT	科创平台资金实力要非常雄厚	Moss et al.（2011）；Pearce & David（1987）；Gulizhaer et al.（2021）
			科创平台团队必须具备强大的实力，并促进知识共享	
			科创平台目标明确表述了科创共享服务的承诺	
			科创平台定位明确体现了发展目标和盈利目标	
			科创平台聚焦核心技术与共性技术	
			科创平台定位明确反映了业务面向的地理区域特征	
			科创平台的定位明确体现了可持续发展理念	
			科创平台从事高技术知识和科技含量的领先研发	

表4.2(续)

变量类型	潜变量		变量测量		
	名称	符号	问卷题项		参考文献
中介变量	建构逻辑	商业逻辑	BL	科创平台对动态环境变化及时采取应对行动	Narver & Slater (1990)
				科创平台洞察市场竞争信息以追求商业价值	
				科创平台定期商讨动态环境的战略对标以确保竞争优势	
				科创平台要善于与平台用户竞合协同以获取竞争优势	
		社会逻辑	SL	科创平台重视共性技术研发的社会责任	Tsui et al.(2006)
				科创平台以服务社会公众创新为己任	
				科创平台立足社会效益并兼顾经济效益	
				科创平台为小微企业创新提供公益服务	
	转型逻辑		TL	科创平台要强力打造数字新基座，提供数字赋能技术	Guo et al.(2020)；Nambisan et al.(2019)
				科创平台通过数字化流程或数字化服务提升平台服务效率	
				科创平台通过数字治理实现平台合作伙伴的共享服务与协同	
				科创平台通过智能互联提升云算力以支撑企业用户自主创新	
				科创平台善于通过智慧云洞察市场竞争机会	
				科创平台善于通过大数据分析发掘并调整商业模式定位	
				科创平台善于通过资源能力配比以重构与创新商业模式	
				科创平台善于通过商务分析重构盈利模式与价值流	
调节变量	市场主导		MO	科创平台根据自身商业逻辑和战略需求遴选合作伙伴	Narver & Slater (1990)；Azam et al.(2014)
				科创平台立足市场需求调整创新方向或技术迭代	
				科创平台主要依靠成果转化交易市场分享技术专利	
				科创平台主要通过市场法则进行全球配置创新资源	
	政府引导		GG	政府为科创平台配套税收和财政等政策支持	Song et al.(2006)
				政府对科创平台募集创新资金给予积极扶持	
				政府为科创平台提供金融科技服务	
				政府为科创平台提供税务咨询服务	

表4.2(续)

变量类型	潜变量		变量测量	
	名称	符号	问卷题项	参考文献
因变量	科创网络协调效应	CEIN	科创平台与合作伙伴都能信守承诺	李玲等（2008）；Freeman et al.（1991）；Cert & Hodge（2007）；Suchman（1995）
			科创平台与合作伙伴在沟通时能坦诚交换意见	
			科创平台与合作伙伴互相提供真实信息	
			科创平台能与合作伙伴保持长久、密切的合作关系	
			科创平台与合作伙伴能协同互助解决问题	
			科创平台与合作伙伴能互相提醒潜在问题和变化	
			科创平台相比之下与"政产学研金介"等组织保持紧密联系	
			科创平台在科创网络里处于中心地位，具有更强影响力	
			科创平台为合作伙伴搭建创新资源的信息交换机制	
			科创平台内的合作伙伴主要依托平台网络自身建立联系	
			科创平台能凝聚竞合同盟中的大多数关键合作伙伴	
			科创平台牵线为合作伙伴建立第三方合作关系	
			科创平台伙伴高度评价大科学装置的配套共享服务	
			科创平台伙伴间在知识技术共享方面达成合作共识	
			合作伙伴高度认同科创平台的技术原型开发能力	
			合作伙伴高度认同科创平台的成果转化中试能力	

四、假设检验与结果分析

（一）问卷的信度效度检验

为进一步检验并说明各变量测度题项的信度和效度，课题组对收集到的问卷数据进行了因子分析和信度、效度检验，结果如表 4.3 所示。各变量的 Cronbach's 系数 $\in [0.727, 0.991]$，表明量表信度非常好。各变量的测量题项的巴特利特球形检验 sig. 值为 0.000 且各变量 KMO 值 $\in [0.747, 0.893]$，符合大于 0.700 临界值的要求，说明本书所用问卷适合开展因子分析。经探索性因子分析，各个题项的因子载荷 $\in [0.638, 0.948]$，符合大于 0.500 的临界值标准，表明量表有较好的聚合度。根据各测量题项的载荷进一步计算平均萃取变异量（AVE）值和组合信度（CR）值。其中，平均萃取变异量（AVE）值 $\in [0.530, 0.689]$，满足接近且大于等于 0.500

临界值的要求，表明量表的辨别效度显著。同时，组合信度（CR）值∈[0.828，0.964]，满足大于等于0.700的要求，说明本书的研究信度水平在可接受范围内。综上所述，采用本量表收集的数据满足本书的分析要求。

表4.3 变量因子分析与信度、效度检验

变量名称		测量题项	KMO	Cronbach's	因子载荷	AVE	CR
科创平台目标定位		IPT1	0.877	0.895	0.783	0.659	0.939
		IPT2			0.884		
		IPT3			0.784		
		IPT4			0.787		
		IPT5			0.882		
		IPT6			0.684		
		IPT7			0.884		
		IPT8			0.787		
建构逻辑	商业逻辑	BL1	0.892	0.991	0.684	0.530	0.849
		BL2			0.688		
		BL3			0.785		
		BL4			0.689		
	社会逻辑	SL1	0.893	0.990	0.886	0.689	0.916
		SL2			0.684		
		SL3			0.886		
		SL4			0.887		
转型逻辑		TL1	0.747	0.783	0.741	0.637	0.933
		TL2			0.743		
		TL3			0.840		
		TL4			0.744		
		TL5			0.948		
		TL6			0.746		
		TL7			0.750		
		TL8			0.848		
市场主导		MO1	0.795	0.892	0.788	0.547	0.828
		MO2			0.787		
		MO3			0.688		
		MO4			0.690		

表4.3(续)

变量名称	测量题项	KMO	Cronbach's	因子载荷	AVE	CR
政府引导	GG1	0.793	0.892	0.689	0.590	0.850
	GG2			0.690		
	GG3			0.887		
	GG4			0.788		
科创平台网络协调效应	CEIN1	0.825	0.727	0.870	0.629	0.964
	CEIN2			0.862		
	CEIN3			0.764		
	CEIN4			0.861		
	CEIN5			0.755		
	CEIN6			0.845		
	CEIN7			0.743		
	CEIN8			0.747		
	CEIN9			0.825		
	CEIN10			0.742		
	CEIN11			0.638		
	CEIN12			0.718		
	CEIN13			0.732		
	CEIN14			0.830		
	CEIN15			0.841		
	CEIN16			0.833		

（二）描述性统计与相关性分析

本书的数据处理采用 SPSS22.0 软件，各变量的平均值、标准差、皮尔逊相关系数见表4.4。表 4.4 中各变量间的 Pearson 相关性系数均小于0.6，处于可接受范围内，即自变量、因变量、调节变量和控制变量间不存在严重的相关关系。科创平台目标定位、建构逻辑以及转型逻辑与科创平台网络协调效应之间的相关系数为正且均显著，初步验证了本书提出的研究假设，接下来将对其作进一步的回归分析。

表4.4　各变量描述性统计与相关性分析

变量名称	均值	标准差	(1)	(2)	(3)	(4)	(5)	(6)	(7)	(8)	(9)	(10)
AI (1)	3.05	0.64	1	—	—	—	—	—	—	—	—	—
NE (2)	2.98	1.37	-0.006	1	—	—	—	—	—	—	—	—
SE (3)	2.90	1.38	-0.047	0.024	1	—	—	—	—	—	—	—
IPT (4)	3.14	1.35	-0.10	-0.022	-0.020	1	—	—	—	—	—	—
BL (5)	3.42	1.23	-0.10	-0.012	0.331***	0.475***	1	—	—	—	—	—

表4.4(续)

变量名称	均值	标准差	(1)	(2)	(3)	(4)	(5)	(6)	(7)	(8)	(9)	(10)
SL (6)	3.05	1.31	-0.026	0.384***	-0.017	0.464***	0.549***	1	—	—	—	—
TL (7)	2.30	1.04	-0.043	0.016	0.503***	0.365***	0.352***	0.673***	1	—	—	—
MO (8)	2.89	1.37	-0.053	0.026	0.588***	-0.025	0.331***	-0.027	0.501***	1	—	—
GG (9)	2.30	1.35	-0.007	0.687***	0.022	-0.021	-0.014	0.353***	0.014	0.023	1	—
CEIN (10)	2.91	0.48	0.372***	0.063	0.189***	0.508***	0.699***	0.650***	0.695***	0.181***	0.056	1

注：相关系数为 Person 系数。*** 表示在 1% 水平下显著，** 表示在 5% 水平下显著，* 表示在 10% 水平下显著，下同。

（三）主效应实证分析

本书使用逐层回归的方法，首先对数据展开预处理，然后对自变量与调节变量乘积的交互项数值进行分析，接着按照顺序依次加入控制变量、自变量、自变量和调节变量，以及自变量和调节变量乘积的相互作用项，来测试本书所提出的假设。主效应、中介效应、市场主导的调节效应、政府引导的调节效应的回归结果分别如表 4.5、表 4.6、表 4.7 和表 4.8 所示。

表 4.5 主效应检验

变量名称		CEIN	
		模型 1	模型 2
控制变量	AI	0.285***	0.291***
	NE	0.021	0.076***
	SE	0.071***	0.026***
自变量	IPT	—	0.253***
调整后的 R^2		0.181	0.698
F		44.00	346.83

表 4.5 展示了主效应的检验结果。在模型 2 中，其 F 值为 346.84，显著性水平小于 0.01，表明该模型的总体回归效果显著，在该模型中科创平台目标定位显著正向影响科创平台网络协调效应（$\beta = 0.253, p < 0.01$）。因此，假设 1 得到了验证。

（四）中介效应实证分析

表 4.6 展示了中介效应的检验结果。模型 4 检验了科创平台目标定位对建构逻辑下的商业逻辑的影响，结果表明科创平台目标定位显著正向影响建构逻辑下的商业逻辑（$\beta = 0.800$，$p < 0.01$）；由模型 9 可知，建构逻辑下的商业逻辑的系数正向显著（$\beta = 0.107$，$p < 0.01$），表明建构逻辑下的商业逻辑在科创平台目标定位和科创平台网络协调效应间存在中介效应机制，从而验证了假设 2。模型 6 检验了科创平台目标定位对建构逻辑下的社会逻辑的影响，结果表明科创平台目标定位显著正向影响建构逻辑下的社会逻辑（$\beta = 0.840$，$p < 0.01$）；由模型 10 可知，建构逻辑下的社会逻辑的系数为正向显著（$\beta = 0.174$，$p < 0.01$），表明建构逻辑下的社会逻辑在科创平台目标定位和科创平台网络协调效应间存在中介效应机制，从而验证了假设 3。模型 8 检验了科创平台目标定位对转型逻辑的影响，检验结果表明科创平台目标定位显著正向影响转型逻辑（$\beta = 0.800$，$p < 0.01$）；由模型 11 可知，转型逻辑的系数正向显著（$\beta = 0.492$，$p < 0.01$），转型逻辑在科创平台目标定位和科创平台网络协调效应间存在中介效应机制，从而验证了假设 4。

表 4.6 中介效应检验

变量名称		BL		SL		TL		CEIN		
		模型 3	模型 4	模型 5	模型 6	模型 7	模型 8	模型 9	模型 10	模型 11
控制变量	AI	0.010	0.028	−0.051	−0.032	−0.031	−0.017	−0.044	−0.036	−0.033
	NE	−0.018	−0.001	0.332 ***	0.35 ***	0.003	0.016	0.090	0.029	0.083
	SE	0.295 ***	0.31 ***	−0.025	−0.009	0.378 ***	0.390 ***	0.178	0.213 ***	0.019
自变量	IPT	0.800 ***	—	0.840 ***	—	0.596 ***	0.659 ***	0.598 ***	0.452 ***	—
中介变量	BL	—	—	—	—	—	—	0.107 **	—	—
	SL	—	—	—	—	—	—	—	0.174 ***	—
	TL	—	—	—	—	—	—	—	—	0.492 ***
R^2		0.105	0.887	0.118	0.881	0.250	0.853	0.834	0.700	0.715
F		24.495	1 177.61	27.57	1 109.38	67.38	871.23	602.3	280.16	301.17

表 4.7　市场主导的调节效应检验

变量名称		BL	SL	TL	CEIN		
		模型 12	模型 13	模型 14	模型 15	模型 16	模型 17
控制变量	AI	−0.021	−0.035	−0.012	0.292***	0.293***	0.293***
	NE	0.047	0.350***	0.017**	0.027***	0.095**	0.025***
	SE	0.390***	0.226***	0.049	0.040	0.015	0.034
自变量	IPT	0.516***	0.820***	0.135***	0.164***	0.156***	0.148***
中介变量	BL	—	—	—	0.164***	—	—
	SL	—	—	—	—	0.156***	—
	TL	—	—	—	—	—	0.119***
调节变量	MO	−0.118	−0.259***	−0.148***	−0.059	−0.077	−0.041
交互项	IPT×MO	0.027***	0.006	0.157***	0.030***	0.001	0.012
R^2		0.855	0.882	0.934	0.711	0.715	0.715
F		589.24	748.72	1 411.32	246.44	215.58	215.49

表 4.7 展示了市场主导的调节效应回归结果。模型 15 检验了市场主导在科创平台目标定位和科创平台网络协调效应间的调节效应，在该模型中，市场主导与科创平台目标定位乘积的交互项系数正向显著（$\beta = 0.030$，$p < 0.01$），表明市场主导在科创平台目标定位和科创平台网络协调效应间起正向调节作用。模型 12 和模型 16 检验了市场主导的调节效应是否能通过建构逻辑下的商业逻辑影响科创网络协调效应，模型 12 中市场主导与科创平台目标定位乘积的交互项显著正向影响建构逻辑下的商业逻辑（$\beta = 0.027$，$p < 0.01$）；同时，模型 16 中，建构逻辑下的商业逻辑系数正向显著（$\beta = 0.156$，$p < 0.01$），表明市场主导的调节效应通过建构逻辑下的商业逻辑影响科创平台网络协调效应，即假设 4 成立。模型 13 的 F 值为 748.72，显著性水平小于 0.01，表明该模型的总体回归效果显著，在该模型中科创平台目标定位（$\beta = 0.820$，$p < 0.01$）和市场主导（$\beta = -0.259$，$p < 0.01$）均对建构逻辑下的社会逻辑有显著正向作用，但科创平台目标定

位与市场主导乘积的交互项系数不显著（$\beta = 0.006$，$p > 0.1$），表明市场主导的调节效应不能通过建构逻辑下的社会逻辑影响科创平台网络协调效应，即假设 5 不成立。模型 14 和模型 17 检验了市场主导的调节效应是否能通过转型逻辑影响科创平台网络协调效应，模型 14 中市场导向与科创平台目标定位乘积的交互项显著正向影响转型逻辑（$\beta = 0.157$，$p < 0.01$）；同时，模型 17 的转型逻辑系数正向显著（$\beta = 0.119$，$p < 0.01$），表明市场主导的调节效应通过转型逻辑影响科创平台网络协调效应，即假设 6 成立。假设 5 不成立，说明市场主导的调节效应不能通过建构逻辑下的社会逻辑影响科创平台网络协调效应。具体原因在于科创平台现阶段仍然需要以商业利益为最大化为目标，因此展示社会逻辑尚不能提升科创平台网络协调效应。

表 4.8　政府引导调节效应检验

变量名称		BL	SL	TL	CEIN	
		模型 18	模型 19	模型 20	模型 21	模型 22
控制变量	AI	0.029	−0.040	0.033	−0.044	0.292 ***
	NE	0.063	−0.024	−0.001	0.164	0.103 **
	SE	0.310 ***	−0.007	−0.010	0.211 ***	0.076 **
自变量	IPT	0.822 ***	0.630 ***	0.795 ***	0.684 ***	0.199 ***
中介变量	SL	—	—	—	—	0.059 **
调节变量	GG	−0.042	0.157	0.319 ***	−0.142	−0.105 **
交互项	IPT×GG	−0.008	0.071 ***	0.002	0.021 *	0.001
R^2		0.887	0.894	0.890	0.834	0.701
F		784.43	843.74	807.66	500.12	201.41

表 4.8 展示了政府引导的调节效应回归结果。模型 21 检验了政府引导在科创平台目标定位和科创平台网络协调效应间的调节效应，在该模型中，政府引导与科创平台目标定位乘积的交互项系数正向显著（$\beta = 0.021$，$p < 0.1$），表明政府引导在科创平台目标定位和科创平台网络协调效应间起正向调节作用。模型 18 的 F 值为 784.43，显著性水平小于 0.01，表明该模型的总体回归效果显著，在该模型中，科创平台目标定位（$\beta = 0.822$，$p < 0.01$）对建构逻辑下的商业逻辑有显著正向作用，但科创平台目标定位

与政府引导乘积的交互项系数不显著（$\beta=-0.008$，$p>0.1$），表明政府引导的调节效应不能通过建构逻辑下的商业逻辑影响科创平台网络协调效应，即假设 7 不成立。模型 19 和模型 22 检验了政府引导的调节效应是否能通过建构逻辑下的社会逻辑影响科创网络协调效应，模型 19 中，政府引导与科创平台目标定位乘积的交互项系数正向显著（$\beta=0.071$，$p<0.01$）；同时，在模型 22 中，建构逻辑下的社会逻辑系数正向显著（$\beta=0.059$，$p<0.05$），表明政府引导的调节效应通过建构逻辑下的社会逻辑影响科创平台网络协调效应，即假设 9 成立。模型 20 的 F 值为 807.66，显著性水平小于 0.01，表明该模型的总体回归效果显著，在该模型中科创平台目标定位（$\beta=0.795$，$p<0.01$）和政府引导（$\beta=0.319$，$p<0.01$）均对转型逻辑有显著正向作用，但科创平台目标定位与政府引导乘积的交互项系数不显著（$\beta=0.002$，$p>0.1$），表明政府引导的调节效应不显著，不能通过转型逻辑影响科创平台网络协调效应，即假设 9 不成立。假设 9 不成立，政府引导不能通过转型逻辑调节科创平台目标定位与科创平台网络协调效应之间的关系。具体原因在于政府引导在提升数字能力和迭代能力方面存在一定的局限性，政府引导通过传统的运行逻辑来协调科创平台创新主体之间的关系。

五、市场主导和政府引导的作用检验

模型 26 检验了市场主导和政府引导的共同作用在科创平台目标定位和科创网络协调效应间的调节效应。在该模型中，市场主导和政府引导与科创平台目标定位乘积的交互项系数正向显著（$\beta=0.003$，$p<0.01$），表明市场主导和政府引导的共同作用在科创平台目标定位和科创平台网络协调效应间起正向调节作用。模型 23 和模型 27 检验了市场主导和政府引导的共同作用下调节效应是否能通过建构逻辑下的商业逻辑影响科创平台网络协调效应。在模型 23 中，市场导向和政府引导与科创平台目标定位乘积的交互项显著正向影响建构逻辑下的商业逻辑（$\beta=0.010$，$p<0.01$）；同时，模型 27 中，建构逻辑下的商业逻辑系数正向显著（$\beta=0.163$，$p<0.01$），表明市场主导和政府引导共同作用下的调节效应通过建构逻辑下的商业逻辑影响科创平台网络协调效应。

模型 24 和模型 28 检验了市场主导和政府引导的共同作用下调节效应是否能通过建构逻辑下的社会逻辑影响科创网络协调效应，在模型 24 中，

市场导向和政府引导与科创平台目标定位乘积的交互项显著正向影响建构逻辑下的社会逻辑（$\beta=0.007$，$p<0.01$）；同时，在模型 28 中，建构逻辑下的社会逻辑系数正向显著（$\beta=0.035$，$p<0.01$），表明市场主导和政府引导共同作用下的调节效应通过建构逻辑下的社会逻辑影响科创平台网络协调效应。

模型 25 和模型 29 检验了市场主导和政府引导的共同作用下调节效应是否能通过转型逻辑影响科创平台网络协调效应，在模型 25 中，市场导向和政府引导与科创平台目标定位乘积的交互项显著正向影响转型逻辑（$\beta=0.017$，$p<0.01$）；同时，在模型 29 中，转型逻辑系数正向显著（$\beta=0.153$，$p<0.01$），表明市场主导和政府引导共同作用下的调节效应通过转型逻辑影响科创平台网络协调效应。市场主导和政府引导共同作用下的调节效应回归结果，具体如下表 4.9。

表 4.9　市场主导和政府引导的共同作用

变量名称		BL	SL	TL	CEIN			
		模型 23	模型 24	模型 25	模型 26	模型 27	模型 28	模型 29
控制变量	AI	−0.009	−0.037	−0.022	0.289***	−0.011	0.291***	0.293***
	NE	0.015	−0.018	0.019	0.098**	−0.008	0.099**	0.095**
	SE	−0.009	0.199**	0.099	0.052	−0.014	0.042	0.037
自变量	IPT	0.490***	0.779***	0.445***	0.225***	0.460***	0.185***	0.157***
中介变量	BL	—	—	—	—	0.163***	—	—
	SL	—	—	—	—	—	0.035**	—
	TL	—	—	—	—	—	—	0.153***
调节变量	MO	0.231***	−0.276***	0.129*	−0.006	0.022	0.008	−0.026
	GG	0.306***	0.315***	−0.163**	−0.103**	0.013	−0.119**	−0.078
交互项	IPT×MO×GG	0.010***	0.007***	0.017***	0.003***	0.007***	0.003***	0.001
调整后的 R^2		0.913	0.889	0.884	0.703	0.816	0.704	0.715
F		894.39	683.21	651.16	202.80	332.54	179.05	188.49

本章假设检验结果统计如表4.10所示。

表 4.10 假设检验结果统计

序号	假设内容	是否验证
H1	科创平台目标定位显著正向影响科创平台网络协调效应	T
H2a	建构逻辑下的商业逻辑在科创平台目标定位和科创平台网络协调效应间存在中介效应机制	T
H2b	建构逻辑下的社会逻辑在科创平台目标定位和科创平台网络协调效应间存在中介效应机制	T
H3	转型逻辑在科创平台目标定位和科创网络协调效应间存在中介效应机制	T
H4	市场主导的调节效应通过建构逻辑下的商业逻辑影响科创平台网络协调效应	T
H5	市场主导的调节效应通过建构逻辑下的社会逻辑影响科创平台网络协调效应	F
H6	市场主导的调节效应通过转型逻辑影响科创平台网络协调效应	T
H7	政府引导的调节效应通过建构逻辑下的商业逻辑影响科创平台网络协调效应	T
H8	政府引导的调节效应通过建构逻辑下的社会逻辑影响科创平台网络协调效应	T
H9	政府引导的调节效应通过转型逻辑影响科创平台网络协调效应	F

注："T"表示通过检验；"F"表示没有通过检验。

第四节　本章小结

科创平台在我国科技创新体制改革中发挥着越来越重要的作用，其运作模式也亟须进一步完善。科技创新是构建区域经济社会发展的关键，也是区域经济发展的基础保障。科创平台使各个企业传统的自主或线性协作模式，转变成了网络化协同创新模式（谢家平 等，2017）。其目标定位是整合集聚科技创新所需人力资源、信息资源、技术资源等多种类型创新资源，从而为区域内企业提供技术与产品研发、成果转化、技术服务、科技创业投融资服务、人才培养等各类创新服务。以往科创平台相关研究主要从创新网络要素、创新网络嵌入、科创平台网络特性等方面，探讨上述因素对创新绩效的影响。然而，关于科创平台发展的战略导向如何影响科创平台发展的协调效应，尚缺乏系统研究。本书运用科创网络化的相关原理，对科创平台网络协调作用的产生进行了剖析，力图拓宽科创平台的研究角度和范围，建构科创平台网络化运作的逻辑框架，确立科创平台在网络化运作的架构，引入市场导向和政府引导，探究其在科创平台目标定位与科创平台网络协调效应之间的调节作用。

本书的研究通过访谈调研及调查问卷等方式收集样本数据，运用SPSS22.0统计软件进行数据分析。验证结果如下：①科创平台目标定位显著正向影响科创平台网络协调效应，表明科创平台目标定位越清晰，越有利于强化科创平台网络的协调效应。②建构逻辑和转型逻辑在科创平台目标定位和科创平台网络协调效应之间存在中介效应机制。③市场主导的调节效应通过建构逻辑下的商业逻辑、转型逻辑影响科创平台网络协调效应。④政府引导正向调节科创平台目标定位与社会逻辑之间的关系；市场主导和政府引导共同作用下的调节效应通过建构逻辑下的社会逻辑、转型逻辑来提升科创平台网络协调效应。本书的结论为科创平台目标定位提升科创平台网络协调效应提供了以下管理方面的启示：

第一，科创平台目标定位越清晰，越能有效促进科创平台网络效应。因此，政府部门应通过政策引导，鼓励科创平台成员之间的紧密合作，共享人才、设备、资金等重要创新资源。科创平台应当向创新主体提供精准的创新服务，以提升相关利益主体的创新风险分担意识。同时，科创平台需要对分散的创新资源进行整合，把创新资源整合到对产业发展有利的重要环节，从而提升创新链配置资源的能力。科创平台应当发挥创新主体的资源优势，弥补创新主体自身存在的劣势，通过优势互补和开放平台信息，吸引更多平台成员，推动平台的协调发展。

第二，科创平台目标定位通过商业逻辑的中介效应来提升科创平台网络协调效应。科创平台应集聚重要创新资源，降低交易成本和研发成本，从而提升创新主体的利润水平，进而强化商业逻辑，并促进科创平台网络的协调发展。科创平台要为科创主体的研发、投资和合作营造良好的创新氛围，协调创新主体间的利益关系，并借助商业逻辑促进创新资源的流动与溢出。

第三，科创平台目标定位通过社会逻辑的中介效应来提升科创平台网络协调效应。因此，科创平台应当承担一定的社会责任，围绕社会需求，重点关注社会创新中的实际问题，通过新技术、新研发来解决社会问题。因此，科创平台在创新实践过程中应当充分展现社会逻辑，增强平台用户、社会公众、政府行政部门对科创企业的正向反馈，进而协调多主体之间的利益关系。

第四，科创平台目标定位通过转型逻辑的中介效应来提升科创平台网络协调效应。科创平台应当注重提升企业的数字能力和迭代能力。企业应当充分利用数字技术同质性、可编程性、迭代性、可复制性等基本特征，有效降低企业研发成本，从而促进科创平台网络协调效应。

第五，市场主导正向调节科创平台目标定位与商业逻辑、转型逻辑之间的关系。科创平台应当注重市场主导的作用，提升市场在资源配置中的作用。科创平台需要通过市场主导来减少平台成员搜集、获取、整理市场信息的时间成本和资金成本。在市场主导下，转型逻辑应发挥数字技术的即时性特征，促使不同创新主体及时获取信息与资源，并在互动过程中对创新信息进行整合。同时，应利用数字技术的透明性特征，有效缓解信息不对称，从而提升创新主体间的认同，强化价值共创。

第六，政府引导正向调节科创平台目标定位与社会逻辑之间的关系。政府应当出台创新政策来向市场传递信号，引导企业做出有利于创新的决策，将资源要素引导至有发展前景的行业。政府应当有效治理数据、促进数据的流动与安全共享，向社会公众提供更加高效、精准的政务服务和公共服务，从而更好地解决社会问题。

第五章 自创区企业群落创新绩效提升机理研究

本章对第三章扎根理论科创网络效应要素中的集群效应进行了深入的实证分析。结合已有研究成果，本章以科创网络集群效应和共享效应为切入点，建立多期 DID（difference-in-differences）模型进行实证研究，以此探究集群效应对企业创新绩效的影响机制。

首先，本章说明了样本选择的原则和数据采集的过程，对采集到的样本数据进行概括性特征描述；其次，运用 Stata17 软件对数据进行基准回归、平行趋势检验、安慰剂检验和多项稳健性检验，得到更为严谨的研究结论，主要从科创网络外部环境的异质性（数字化水平、市场化水平、政府服务效率、区域发展水平）出发，研究政策实施的效果；最后，针对双重差分的实证结果，从宏观政策视角分析自创区科创网络对企业创新绩效的内在影响机制，并对此展开详细分析和讨论。

第一节 自创区政策对企业群落创新绩效的理论假设

一、自创区政策与企业群落主效应假设

本章借用"生物群落"的概念，将"企业集中区"统称为"企业群落"（enterprise cluster）。企业群落是指具有一定分工特征的企业为了达成某种产品的生产而构成的集群，它表现为类似的或相近的企业在地理上的集聚（张青，2011）。在考虑企业群落所在城市的外部环境异质性的基础上，本章将研究在自创区情景下的科创网络及其效应对企业群落创新绩效的影响机制。为此，提出三个假设，并在理论假设的基础上，对自创区政

策与创新绩效作用机制展开进一步实证分析。

在科创网络的构建过程中，不同企业间的合作、沟通和信息互换是网络构建的基础，在此过程中会伴随知识的创造、流动、转移和溢出（梁琦和詹亦军，2005）。政府在自身发展需要的基础上，制定出一套可以引领重点产业发展的策略，以推动企业的创新。同时，政府还向企业、大学和科研机构提供健全的基础设施，为企业、大学和科研机构提供支持性政策，以此来吸引高质量的企业和科研机构入驻，为科技创新提供一个综合性的科创平台。政府的政策支持有利于市场充分发挥其对创新生产要素的配置作用，提高资源配置效率，有效缓解市场失灵，进而减少创新活动高投资、高风险、高不确定性等特征带来的影响（谭静和张建华，2018；白俊红和刘宇英，2018）。例如，税收优惠政策可以降低企业创业活动的潜在风险，有效激发企业家从事创新活动的动机。初创企业的参与可以为地方经济增添创新活力，为技术升级、产业集聚提供核心动力和基础条件（Kline & Moretti，2014）。自创区政策对企业群落创新绩效的影响主要体现在以下两个方面：

（一）集群效应

政策的设立可以有效促进创新资源的集聚。集群效应是指企业集聚所产生的外部经济因素，即知识、信息的传播，劳动力市场的共享，上下游企业的投入与产出的关联（李雯和解佳龙，2017）。自创区通过出台各类优惠政策，吸引高新技术企业不断入驻园区，在既定地理空间范围内形成土地、人才、基础设施等关键创新要素的集聚（晏艳阳和严瑾，2019），进而促进企业群落创新绩效的提升。当资源要素投入不变时，一个有效的市场竞争机制能够使资源要素的分配更加高效，从而提高企业的创新能力（Chang & Peter，2009），进而对企业群落创新绩效产生促进作用。自创区政策通过形成企业集中的科创网络来集聚人才，通过企业间的合作交流、信息共享、优势互补来大幅降低信息的共享成本，在临近地理空间范围内提高知识的转移效率和利用效率，进而推动企业群落创新绩效的提升。因此，企业在自创区内的集聚降低了企业的研发成本和交易成本，增强了企业之间的研发合作意愿，激发了企业群落的创新活力。

（二）共享效应

政策的制定加快了城市间创新资源的流动与共享。自创区政策在试点城市建立了有利于创新资源自由流动的"有序市场"（孔令丞和柴泽阳，

2021），完善了试点城市的技术市场环境。自创区政策通过机制创新的方式，提高了城市创新资源的配置效率，减少了高新技术跨区域流动的制度性壁垒（柴泽阳和孔令丞，2020），为企业创新活动的有序开展提供了政策保障，进而提高了企业群落创新的绩效。例如，2018 年，上海张江自创区拥有 21 家国家技术转移示范机构，通过技术交易所和技术交易市场的建设，提高了自创区内创新成果的转化效率[①]。因此，自创区通过优惠政策、市场化改革和机制创新促进了资源集聚，加快了创新资源的流动，提升了企业群落创新绩效。自创区形成的科创网络具备多主体参与的基本特征，其创新主体包含高科技企业、科创平台、新兴研发机构等（孔詠炜 等，2022）。从技术创新和知识资源的供给角度分析，自创区中由新型研发机构、科创平台、创新孵化器等多主体形成的科创网络，为企业群落提供了丰富的技术创新资源与服务，降低了群落中企业的创新成本，加快了技术、人才、知识等核心要素，在科创网络的企业、高校、科研所、科创平台等创新主体之间的流动、扩散和共享，提升了创新资源配置效率。基于第三章扎根理论中集群效应要素与上述企业群落创新绩效的相关分析，本章节提出如下假设：

H1：自创区政策的设立有利于促进企业群落创新绩效的提升。

二、自创区政策对企业群落创新绩效的中介机制

（一）集群效应中介机制

为了探究自创区宏观政策对企业群落创新绩效的中介机制，本章节对此展开深入的机制分析并提出相应假设。自创区提供的优惠政策，不仅拓宽了企业获取资源的渠道，降低了企业的创新研发成本，吸引高质量、高效率的企业进入，而且对提升新进企业创新效率有正向促进作用（王永进和张国峰，2016），并进一步促进集群效应形成。因此，自创区能够通过强化集群效应来提升企业群落的创新绩效。资源集聚为企业获取人才、技术、资本等创新资源提供了便利，有助于企业合理利用与高效配置资源，能够有效降低企业内部研发、创新成果转化以及企业间的知识搜索与信息交流的成本（张秋燕和齐亚伟，2016），进而提升创新效率。自创区实施的股权激励、收益分配等市场化改革，增强了企业进行自主创新的意愿（辜

---

① 详见《2018 张江国家自主创新示范区年度报告》。

胜阻和马军伟，2010），完善了市场机制，鼓励更多企业进入自创区，促进不同企业间的交流，形成市场竞争（Porter，1995），有利于推动企业进行创新，进而提高企业群落创新绩效。基于上述分析，本章节提出如下假设：

H2：自创区通过集群效应来促进企业群落创新绩效的提升。

（二）共享效应中介机制

集群效应理论的主要内容之一是知识共享。知识共享是知识链形成的核心关键要素，包含创新主体内部与不同创新主体之间形成的知识链网络（樊治平和孙永洪，2006）。自创区形成的科创网络为知识资源的流动与共享，以及企业群落内企业之间的合作创新提供了资源基础。自创区政策对城市创新环境的改善作用表现在市场化改革和机制创新两个方面。创新主体之间实现关键性资源和技术的交易，需要完善的市场环境和制度环境的双重保障（胡凯 等，2012）。自创区政策通过市场化改革打破了限制技术在区域间转移的制度性障碍，突破创新资源流动的时间与空间限制，能够降低企业获取创新资源的成本，形成创新共享效应。一方面，自创区政策所搭建的科创平台可以缓解区域间创新资源不平衡、不充分的问题，实现技术、信息、人才等创新所需关键性资源的跨区域流动与共享。具体而言，创新主体既可以基于自创区提供的科创平台获取网络外部中的共性技术，也可以共享自身拥有的专有技术，从而加快区域间技术转移效率，减少企业群落获取新技术的时间成本，提高创新资源配置效率（谢家平 等，2017），进而提升企业群落创新绩效。此外，科创平台大数据、物联网、云存储等先进信息技术的水平越高，越有利于实现跨平台科技资源的互联互通与高效流动（李佳 等，2018）。以杭州自创区为例，其结合科技资源配置、创新主体激励、科创平台等有效市场机制，依托互联网实现了融合式发展，打破了创新资源流动的内部障碍（王双，2017）。另一方面，自创区政策通过市场导向的政策改革，为企业群落的技术交易提供了有效的市场环境和有力的制度保障（张威奕，2016），缓解了高新技术产业因市场垄断、制度性壁垒等带来的技术资源流动性不足等问题，增强了企业通过技术市场共享技术的意愿，提高了创新技术的转移效率，进而更有利于提升企业群落创新绩效。具体而言，创新共享由创新吸收效应和创新扩散效应两部分组成。

创新吸收效应方面，自创区的设立有利于城市吸纳先进地区的创新知识，即引入更多创新技术项目。自创区政策依托科创平台建立技术交易市场机制，提供涉及知识产权运用与保护、创新成果转化应用方面的政策保障，有利于提高创新资源配置效率。自创区政策所提供的"有序市场"环境，有效缓解技术市场存在的信息不对称问题（卫栎和陈伟，2020），打造了技术转移、流动、共享的理想空间，进而刺激企业对高新技术的需求，促使企业引进、改造、吸收外来技术来推动自身技术创新的迭代式发展。Cohen（1990）提出吸收创新知识有利于提高企业的创新能力，促进企业的创新活动。企业在进行创新时，不仅要有效地管理和运用现有的知识，还要吸收新的知识、技术，并将其运用到产品和服务中（Mardani，2018），以此提高企业群落的创新绩效。知识的吸收可以帮助企业实时更新知识储备、及时调整内部知识结构，对企业群落创新具有促进作用（Zahra，2002）。

创新扩散效应方面，自创区的设立推动了企业群落创新知识的溢出，即对外输出更多创新技术项目。自创区构建的技术交易市场体系（王玲杰等，2018），有助于创新资源通过技术交易市场进一步扩散。因此，创新资源丰富、创新基础雄厚的自创区将借助其科创平台向其他地区输出技术，同时依据自身发展需求积极吸纳技术，弥补地区间资源不平衡、不充分带来的资源配置效率不足等问题，进而提升企业群落的创新绩效。例如，武汉市自2009年成立东湖自创区以来，技术吸纳和技术输出合同成交额均有了大幅度增长。2010年武汉市技术吸纳合同成交总金额为120.01亿元，较上年增长146.88%，技术输出总额为89.34亿元，同比增长20.55%[①]，反映出自创区政策对技术共享带来的促进作用，如图5.1所示。可见，自创区的设立加快了城市通过创新技术的"吸纳—输出"双向流动，来实现创新共享效应的步伐。

因此，基于集群效应理论相关分析，本章节提出如下假设：

H3：自创区政策通过创新共享效应来促进企业群落创新绩效的提升。

H3a：自创区政策通过创新吸收效应来促进企业群落创新绩效的提升。

H3b：自创区政策通过创新扩散效应来促进企业群落创新绩效的提升。

上述逻辑分析框架如图5.2所示。

---

① 详见《全国技术市场统计年报》（2007—2019年）。

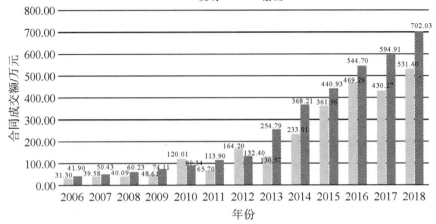

图 5.1　武汉市技术吸纳/输出合同成交额

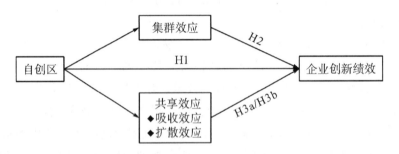

图 5.2　自创区政策影响企业群落创新绩效的构念模型

第二节　企业创新绩效提升的异质性效应分析

一、研究设计

（一）模型设定

本章以自创区政策的设立为例，研究自创区政策对企业群落创新绩效的影响。研究样本涵盖了 2006—2018 年我国 283 个地级市，其中包括 47 个设立自创区的实验组城市和 236 个未设立自创区的对照组城市。双重差分法（DID）在一定程度上避免了模型中的潜在内生性问题，可以有效评估自创区政策的净效应。该方法被广泛应用于处理政策效应的研究中。

DID 研究方法的主要目的是比较政策冲击的前后差异，通过处理组的前后变化与控制组的前后变化来观察处理效应。传统的 DID 研究方法的假定条件是个体受政策冲击的时间完全相同，然而也存在处理组受到政策冲击时间点不一致的情况（孔令丞和柴泽阳，2021）。例如，由于自创区的政策设立时间不同，不同城市企业群落和企业受政策冲击的时间也有所差异。若按照统一政策冲击时间来分析政策的设立与创新绩效之间的关系，研究结论则无法较准确地反映科创网络效应，需要引入多期 DID（time-varying DID）来更准确地刻画个体处理期时间点不一样的情况。因此，本书采用多期 DID 评估设立自创区的政策效果。具体模型设定如（5.1）所示：

$$patent_{it} = \alpha + \beta_1 \times innozone_{it} + \gamma \times X_{it} + \lambda_{it} + \tau_{it} + \varepsilon_{it} \quad (5.1)$$

其中，下标 i 代表城市，t 代表年份；$patent_{it}$ 为企业群落创新绩效；$innozone_{it}$ 为设立自创区的政策变量；X_{it} 为可能影响企业群落创新绩效的控制变量集合，具体控制变量包括：外商投资水平（fdi）、科技支出水平（$lnrdave$）、产业结构（$industry$）、普通高等院校数量（$univer$）、固定资产投资总额（$invest$）、地区生产总值（$lngdp$）；λ_{it} 表示城市个体固定效应；τ_{it} 表示年份固定效应；ε_{it} 为随机误差项。上述模型中，$innozone_{it}$ 的系数 β_1 的值是关注重点，它衡量了自创区政策的设立对企业群落创新绩效的净影响效应。若 β_1 显著为正，则说明设立自创区确实提升了企业群落的创新绩效。

（二）变量定义

被解释变量：企业群落创新绩效（$patent$）。反映企业群落创新绩效最常用的指标为专利数量，包含专利申请量和专利授权量。其中，发明专利授权量是综合反映专利质量的核心指标。因此，本书借鉴 Grosby（2010）、张杰等（2016）的方法，采用城市每万人发明专利授权量来刻画企业群落创新绩效（每万人发明专利授权量＝年末发明专利授权总量/年末地区总人）。

解释变量：设立自创区（$innozone$）。本书将政策变量 $innozone$ 设置为虚拟变量，若城市 i 在 t 年拥有自创区，则取值为 1，否则取值为 0。由于每个城市成立自创区的时间不同，本书采用多期双重差分方法。该方法具有不受其他因素影响的优势，因为不同年份企业群落中不可观测因素与政策影响呈现同向分布的概率较小（陈钊和熊瑞祥，2015）。

控制变量：为了排除其他相关因素对企业群落创新绩效的影响，在已有研究的基础上，本书控制了城市层面一系列变量（孙早和韩颖，2018；

吴芸，2014；李翔和邓峰，2019；郭丰 等，2021；柴泽阳和孔令丞，2020），具体包括：①外商投资水平（*fdi*）。采用外商投资额占 GDP 的比重来衡量，外商投资通过引进前沿技术、知识管理经验来影响创新效果。②科技支出水平（*lnrdave*）。采用科学技术支出占科研综合技术服务业从业人员比重来测度，以刻画城市创新投入水平。③产业结构（*industry*）。采用第二产业占 GDP 的比重来衡量，有效度量城市资源配置情况。④普通高等院校数量（*univer*）。此指标有效度量科创网络所在城市教育水平。⑤固定资产投资（*invest*）。采用城市固定资产投资额占 GDP 的比重来测度。城市固定资产投资越大，其创新资源禀赋就越好，对企业的发展越有利。⑥地区生产总值（*lngdp*）。各变量的描述性统计结果如表 5.1 所示。

表 5.1　变量描述性统计结果

变量	变量符号	变量名称	均值	标准差	最小值	最大值
因变量	*patent*	企业群落创新绩效	0.939 2	3.045 4	0	48.129 87
自变量	*innozone*	设立自创区政策	0.048 1	0.214 0	0	1
控制变量	*fdi*	外商投资水平	0.031 9	0.118 2	0	2.780 2
	lnrdave	科技支出水平	12.429 6	0.917 7	7.249 5	15.435 1
	industry	产业结构	0.483 6	0.108 4	0.149 5	0.909 7
	univer	普通高等院校数量	8.187 1	14.161 5	0	92
	invest	固定资产投资	0.808 1	0.644 3	0.087 2	13.522 0
	lngdp	地区生产总值	16.166 9	1.018 7	12.764 3	19.604 9

本章将样本城市分为实验组和对照组。实验组是指在 2006—2018 年设立自创区的城市，对照组则是 2006—2018 年未设立自创区的城市，最终得到 47 个实施自创区政策的实验组城市及 236 个对照组城市样本。设立自创区的城市名单来自"中国政府网"国务院公布的历年政策文件；控制变量数据来自研究窗口期内各年度《中国城市统计年鉴》《中国科技统计年鉴》。

二、实证结果

采用双重差分模型检验设立自创区政策对企业群落创新绩效的影响，结果如表 5.2 所示。具体而言，基准回归模型中，列（1）控制了城市固定效应，列（2）控制了城市固定效应及时间固定效应，在此基础上仅加入自创区政策变量 *innozone*，估计结果显示，设立自创区政策系数显著为正；列（3）、列（4）加入了城市层面控制变量（如外商投资水平、产业结构等）以控制各城市的经济特征。估计结果显示，自创区政策系数依旧显著为正。总体而言，设立自创区政策后，企业群落的创新绩效显著提升，说明自创区会激发城市创新活力，提高企业群落创新绩效，即假设 H1 成立。

表 5.2　基准回归模型

变量	（1）	（2）	（3）	（4）
	patent	*patent*	*patent*	*patent*
innozone	5. 391 *** (7. 66)	4. 702 *** (6. 91)	4. 480 *** (6. 76)	4. 346 *** (6. 55)
控制变量	不控制	不控制	控制	控制
城市固定效应	控制	控制	控制	控制
时间固定效应	不控制	控制	不控制	控制
常数项	0. 680 *** (20. 06)	0. 713 *** (21. 78)	− 8. 392 *** (− 5. 61)	− 6. 376 (− 1. 56)
样本量	3 679	3 679	3 679	3 679
Adj_ R²	0. 776 8	0. 793 0	0. 796 8	0. 798 9

注：*、**、*** 分别表示通过 10%、5%、1% 的显著性水平检验；括号内数值为稳健标准误，下同。

三、稳健性检验

为了保证实证结果的稳健性和可靠性，本书将采用平行趋势检验、安慰剂检验、PSM-DID 检验、指标替换法四种方式对基准模型进行稳健性检验。

（一）平行趋势检验

双重差分模型中，平行趋势假设（parallel trend hypothesis）是验证政策效果的关键假设条件，即实验组和对照组的结果变量在政策发生之前具有相同的变化趋势。本书采用事件研究法，参考 Beck 等（2010）和 Chen 等（2017）的估计方案，设置如下估计方程：

$$patent_{it} = \alpha + \sum_{N=-8}^{7} \theta_n Z_{it}^{N=t-T} + \gamma \times X_{it} + \lambda_{it} + \tau_{it} + \varepsilon_{it} \qquad (5.2)$$

其中，上标 T 代表各城市设立自创区的年份，N 为标准化的设立自创区政策前后时期。若 $N<0$，则为政策实行前 $-N$ 期；$N=0$，则为政策当期；$N>0$，则为政策实行后 N 期。Z 为政策虚拟变量，若 $N=t-T\geqslant 0$，则 $Z=1$；否则为 0。例如：若某城市在 2014 年实施自创区政策，则在 2008 年时，Z^{-6} 取值为 1，代表该城市政策实施前 6 年，Z^{-6} 的其他取值为 0；对于 Z^0 来说，在 2014 年取值为 1，代表政策实行当年，其余取值为 0。式（5.2）中其余变量同基准模型。

样本中实验组城市设立国家自创区的年份最早为 2009 年，最晚为 2018 年，且大部分实验组城市在 2014 年之后设立自创区，故本书选取政策前 5 年到政策后 4 年作为研究窗口期。为了避免完全共线性，本书选择政策前一期作为基准组。式（5.2）的估计结果如图 5.3 所示。

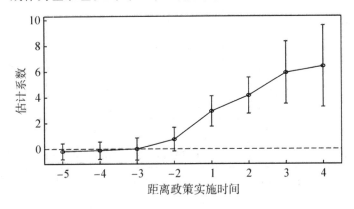

图 5.3　平行趋势检验

在政策实施前五年及当年，各虚拟变量的估计系数在 0 附近波动，且均不显著；政策实施后，虚拟变量估计系数开始呈现上升趋势且显著。平行趋势检验结果说明，实验组和对照组在自创区政策实施之前差异不明显，是可以进行比较的，即平行趋势假设成立。

（二）安慰剂检验

使用双重差分方法进行政策评估时，其政策效果可能并非因为设立自创区，而是由同期的其他政策或随机因素造成的。为了避免估计偏误，本书借鉴 Alder 等（2016）的方法进行安慰剂检验，即从空间和时间两个维度进行了安慰剂检验。该方法较国内大多数，只从时间维度进行安慰剂检验的方法更加合理。常用的提前政策冲击时间的方法也容易受预期效应的影响。具体做法如下：根据各年份设立自创区的数量，随机分配设立自创区城市，然后利用基准模型进行估计。若随机分配后 *innozone* 估计系数均值仍然显著，则说明企业群落创新绩效指数的提高是由于其他一些未观测到的因素引起的，前文估计结果不可靠；若 *innozone* 估计系数均值不再显著且接近于 0，则说明企业群落创新绩效指数的提高确实是由设立自创区引起的。重复该过程 1 000 次并对 *innozone* 估计系数进行统计分析，*innozone* 政策变量估计系数的核密度，如图 5.4 所示。本书对总样本进行随机处理后所得到的 *innozone* 虚拟变量系数均值为 0.005 4，与基准结果相比接近于 0，且 1 000 次估计结果中有 95.3% 未通过 1% 的显著性水平检验；87.7% 未通过 5% 的显著性水平检验；81.2% 未通过 10% 的显著性水平检验。安慰剂检验结果表明，企业群落创新绩效指数的提升确实归因于自创区政策的设立，而非由其他随机因素造成。

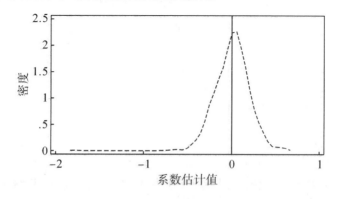

图 5.4　安慰剂检验

（三）PSM-DID 检验

自创区设立的城市选择并不具备随机性，因为政策的"试点"主要考量其所在城市的技术创新研发基础、自主创新能力的培养、创新能力的释放等因素（王双，2017）。自创区政策相关研究明确，提出自创区试点城市的选择有一定的遴选标准（卫栎和陈伟，2020），遴选标准包括载体支撑、自主创新、集聚辐射和外向拓展四个方面（解佳龙和胡树华，2013）。这种遴选性与企业群落创新绩效的提升紧密相关。因此，为了准确识别试点选择的非随机性因素，解决因遴选标准带来的"内生性"问题，本书采用 PSM-DID 方法控制内生性问题。由于本书采用"多时点" DID 方法，因此需对城市样本进行逐年匹配（李贲和吴利华，2018）。综合考虑相关学者提出的自创区遴选标准（解桂龙和胡树华，2013），本书选取外商投资水平（*fdi*）、科技支出水平（*lnrdave*）、产业结构（*industry*）、普通高等院校数量（*univer*）、固定资产投资总额（*invest*）、地区生产总值（*lngdp*）六个协变量，进一步使用核匹配（kernel matching）PSM方法匹配了实验组和对照组，以有效控制两组数据在可测变量上的差异。以上变量可有效识别非随机性因素，例如，城市科技支出水平越高，说明城市创新投入越高，越有可能被选为试点城市；地区生产总值越高，经济发展水平越高，越有利于释放创新能力，越有可能被选为试点城市。倾向得分匹配的 logit 回归结果如表 5.3 所示，将实验组及对照组进行匹配后，绝大部分变量的标准偏差显著变小，且不能拒绝"实验组和对照组之间不存在显著差异"的原假设，即匹配效果较好。

表 5.3　Logit 倾向性得分匹配结果汇报

变量	系数	样本	均值		%标准偏差	t统计量	$p>\mid t\mid$
			实验组	对照组			
fdi	37.543** (13.417 7)	匹配前	0.034 8	0.015 66	99.5	7.53	0.000
		匹配后	0.028 56	0.028 47		0.02	0.986
lnrdave	0.391 7 (0.315 5)	匹配前	12.737	12.658	−7.8	0.60	0.546
		匹配后	12.794	12.708		0.38	0.704
lngdp	1.701 7*** (0.463 8)	匹配前	17.549	16.141	98.3	12.39	0.000
		匹配后	17.02	16.996		0.15	0.883
industry	2.059 1 (2.882 0)	匹配前	0.510 39	0.517 36	−105.6	−0.42	0.657
		匹配后	0.537 09	0.522 76		0.74	0.461
univer	0.045 8* (0.022 4)	匹配前	26.745	4.733 1	89.9	11.36	0.000
		匹配后	13.185	15.398		−0.52	0.603
invest	−2.397 7 (1.700 5)	匹配前	0.592 78	0.736 79	95.9	0.000	0.000
		匹配后	0.643 23	0.649 18		0.896	0.896

PSM-DID 的回归检验结果如表 5.4 所示。自创区政策 *innozone* 估计系数与基准回归结果基本一致，其结果依旧显著为正，表明设立自创区会提升企业群落创新绩效这一结论相对稳健。

表 5.4　PSM-DID 检验

变量	（1）	（2）	（3）	（4）
	Inno	Inno	Inno	Inno
innozone	3.521 *** (5.00)	2.883 *** (4.13)	15.890 *** (4.19)	14.816 *** (3.66)
fdi	—	—	−0.052 (−0.18)	0.179 (0.56)
lndrave	—	—	0.058 ** (2.06)	0.010 (0.24)
lngdp	—	—	0.577 *** (8.74)	0.533 ** (2.35)
industry	—	—	−3.660 *** (−7.11)	−2.103 ** (−3.32)
univer	—	—	0.043 ** (2.39)	0.039 ** (2.09)
invest	—	—	0.140 *** (−7.11)	−0.149 (−1.56)
常数项	0.505 *** (23.93)	0.524 *** (25.04)	−8.116 *** (−8.34)	−7.332 ** (−2.12)
样本量	2 903	2 903	2 903	2 903
Adj_ R²	0.664 8	0.715 5	0.717 9	0.723 5

（四）指标替换稳健性检验

衡量企业群落创新绩效的方法不同可能会影响政策评估的最终结果。因此，本书进一步借鉴复旦大学产业发展研究中心编制的《中国城市和产业创新力报告 2017》里的城市创新能力指数来衡量企业群落创新绩效。该指数[①]通过专利更新模型来估计国家知识产权局的发明授权专利价值，然后将每个专利价值加总到城市层面，综合反映企业群落创新绩效（寇宗来和刘学悦，2017）。回归结果（如表5.5所示）显示，自创区政策对企业群落创新绩效的影响仍显著为正，表明本书的估计结果是稳健的。

---

① 城市创新能力指数具体计算方法，见《中国城市和产业创新力报告 2017》。

表 5.5 指标替换稳健性检验

变量	（1）	（2）	（3）	（4）
	创新能力指数	创新能力指数	创新能力指数	创新能力指数
innozone	85.409*** (4.21)	79.431*** (4.05)	70.811*** (4.00)	71.267*** (3.95)
控制变量	不控制	控制	控制	控制
城市固定效应	控制	控制	控制	控制
时间固定效应	不控制	控制	不控制	控制
常数项	6.285*** (10.96)	6.454*** (11.65)	−146.807*** (−3.53)	−17.176** (−2.57)
样本量	3 113	3 113	3 113	3 113
Adj_ R^2	0.666 6	0.673 9	0.685 7	0.685 0

资料来源：本书整理而得。

四、机制检验

根据本书的理论分析可知，设立自创区对企业群落创新绩效的影响可能存在集群效应及创新共享效应两种机制。为了深入探讨设立自创区政策对企业群落创新绩效的具体作用机制，本书构建中介效应模型来进行机制检验。中介效应模型设定如下：

$$patent_{it} = \alpha + \beta_1 \times innozone_{it} + \gamma \times X_{it} + \lambda_{it} + \tau_{it} + \varepsilon_{it} \quad (5.3)$$

$$mediation_{it} = \alpha + \beta_2 \times innozone_{it} + \gamma \times X_{it} + \lambda_{it} + \tau_{it} + \varepsilon_{it} \quad (5.4)$$

$$patent_{it} = \alpha + \beta_3 \times innozone_{it} + \mu \times mediation_{it} + \gamma \times X_{it} + \lambda_{it} + \tau_{it} + \varepsilon_{it}$$
$$(5.5)$$

其中，式（5.3）用于估计自创区政策对企业群落创新绩效的影响，同前文的式（5.1）。式（5.4）用于估计设立自创区政策对中介变量的影响。该式重点关注 β_2，若 β_2 显著，则表明设立自创区对中介变量存在显著影响。式（5.5）用于考察中介机制是否成立，其在式（5.3）的基础上加入了中介变量。该式重点关注 β_3 和 μ，在式（5.4）中 β_2 显著的情况下，若 β_3 不显著但 μ 显著，则证明存在完全中介机制；若 β_3 和 μ 均显著，则证明存在部分中介机制；其他情况说明中介机制不成立。本部分主要考察集聚机制（*aggo*）和创新共享机制（*inflow*，*outflow*）。本书借鉴了臧新和李菡

（2011）、戴翔等（2013）、俞颖等（2017）的做法，采用城市相对于全国制造业区位商来测度产业集聚程度，计算公式如下：

$$agg\ o_{it} = \frac{S_{it}/\ T_{it}}{S_t/\ T_t} \tag{5.6}$$

其中，S_{it} 代表 t 年 i 城市制造业的总就业人数，T_{it} 代表 t 年 i 城市的总就业人数，S_t 代表 t 年全国制造业总就业人数，T_t 代表 t 年全国总就业人数。因此 $agg\ o_{it}$ 是各个城市 t 年的区位商，$agg\ o_{it}$ 值越高，代表城市制造业聚集程度越高。在本书中，创新共享机制由吸收效应和扩散效应组成。因此，我们借鉴了区域技术转移相关测度方法来刻画创新共享效应（Autio & Laamanen, 1995; Bozeman, 2003; Horner & Jayawarna, 2019），采用《中国科技统计年鉴》中地方技术市场的输入技术合同金额（$inflow$）及输出技术合同金额（$outflow$）来测量。中介机制检验结果如表 5.6 所示，分别检验产业集聚机制与创新共享机制。其中列（1）、列（2）、列（3）组合为产业集聚机制；列（1）、列（4）、列（5）组合为创新共享机制下的吸收效应；列（1）、列（6）、列（7）组合为创新共享机制下的扩散效应。产业集聚机制方面，列（2）的结果显示，$innozone$ 系数未通过显著性检验，可以判断产业集聚机制不成立，与假设 H2 不符。这说明现阶段自创区发展尚未形成产业集群效应。自创区政策虽显著促进了产业集聚，但是这种产业集聚现阶段并不能有效提升企业群落创新绩效。具体来说，园区内企业之间可能缺乏有效合作，在地理位置上的集聚优势尚未转化为协同创新发展的优势（谭静和张建华，2018）。就创新共享机制的吸收效应而言，列（4）的结果显示，$innozone$ 系数显著为正，说明设立自创区会增加城市在技术市场购入技术合同的金额。同时，列（5）的估计结果显示，$innozone$ 及 $inflow$ 的系数均显著，可以判断吸收效应下的创新共享机制成立，与假设 H3a 相符。说明设立自创区促进了城市引入创新技术项目，又通过该外来技术的引入提升了城市的创新能力。就创新共享机制的扩散效应而言，列（6）的结果显示，$innozone$ 系数显著为正，说明设立自创区会增加城市在技术市场上售出的技术合同金额。同时，列（7）的估计结果显示，$innozone$ 及 $outflow$ 的系数均显著。因此，扩散效应下的创新共享机制成立，即假设 H3b 成立。当假设 H3a 和假设 H3b 成立时，即假设 H3 成立，支持上述结论。

表 5.6　中介机制检验结果

变量	基准模型	集群效应机制		创新共享机制			
				吸收效应		扩散效应	
	（1）	（2）	（3）	（4）	（5）	（6）	（7）
	patent	aggo	patent	inflow	patent	outflow	patent
innozone	4.346*** (6.55)	0.076* (1.86)	4.317*** (6.80)	161.751*** (8.06)	3.778*** (7.11)	147.688*** (6.54)	3.816*** (6.25)
aggo	—	—	0.385 (0.98)	—	—	—	—
inflow	—	—	—	—	0.004*** (3.08)	—	—
outflow	—	—	—	—	—	—	0.004*** (2.77)
控制变量	控制	控制	控制	控制	控制	控制	控制
城市固定效应	控制	控制	控制	控制	控制	控制	控制
时间固定效应	控制	控制	控制	控制	控制	控制	控制
常数项	−6.376 (−1.56)	1.324** (2.32)	−6.885* (−1.81)	−1.1*** (−4.67)	−2.370 (−0.59)	−756.612** (−2.48)	−3.661 (−0.90)
样本量	3 679	3 679	3 679	3 679	3 679	3 679	3 679
Adj_ R²	0.798 9	0.795 2	0.799 8	0.715 7	0.816 8	0.746 0	0.821 9

第三节　科创网络异质性分析

前文实证检验结果表明，自创区的建设显著提升了企业群落创新绩效。自创区在空间分布上呈现较大的差异，这主要归因于位于不同区域的企业群落在科技基础设施、制度环境、产业结构、创新基础条件方面呈现较大的差异（Gulizhaer et al.，2022）。良好的创新环境有利于企业开展创新活动，城市的基础设施、市场环境、制度环境及其所在区域的发展水平是影响其创新环境的关键因素。为了探究自创区政策对企业群落创新绩效的提升是否存在异质性影响，本部分将从所在城市科创网络数字化水平、市场化程度、政府服务水平及区域发展水平四个方面来进行异质性检验。

一、数字化水平差异

数字基础设施能够降低自创区内企业的研发成本，提高创新资源的流动效率，吸引企业进入和共享创新资源。一方面，产业数字化能够优化重组科创网络中原有的生产要素，引入数据要素来丰富生产要素的组合（刘志阳 等，2021），有利于降低企业创新成本，推动城市创新发展；另一方面，城市数字化水平高可以提高产业融合程度，从而推动传统产业创新，促进区域间创新资源的流动与交易，进而提升企业创新绩效（许宪春和张美慧，2020）。基于上述分析，本部分考察在不同数字化水平下设立自创区的政策效果。本书采用国家统计局公布的 2010—2017 年各省互联网普及率数据衡量数字化水平[①]，先计算出 2010—2017 年的互联网普及率平均值，其次按照 33.3%、66.7%分位点将样本划分为"数字化水平高""数字化水平中""数字化水平低"三组。样本城市根据其所在省份划定组别（谭静和张建华，2018）。数字化水平异质性估计结果如表 5.7 所示。结果表明，自创区的政策效果随着城市数字化水平的提高而提升。可见，数字化水平是自创区促进企业群落创新绩效提升的关键因素。

表 5.7　数字化水平异质性回归结果

变量	(1)数字化水平高	(2)数字化水平中	(3)数字化水平低
	patent	*patent*	*patent*
innozone	5.306 *** (5.78)	2.261 *** (3.39)	1.940 *** (4.27)
控制变量	控制	控制	控制
城市固定效应	控制	控制	控制
时间固定效应	控制	控制	控制
常数项	−24.137 ** (−2.11)	−9.519 ** (−2.20)	−9.706 ** (−2.09)
样本量	1 092	1 131	1 456
Adj_ R^2	0.815 6	0.782 2	0.750 3

[①] 该数据缺失 2009 年的互联网普及率指标。为了补全这一数据，笔者通过绘制出各省份 2010—2017 年互联网普及率散点图，并观察到年份与普及率之间有明显的趋势，因此通过建模预测的方式补全了 2009 年互联网普及率数值。

二、市场化程度差异

自创区政策的实施效果与其所在城市的市场化程度有关。在市场化程度较高的地区,资源配置效率较高,政策效果相对明显;在市场化程度较低的地区,自创区可以通过机制创新弥补市场机制的缺失,有效提高市场的公开透明程度,提高资源配置效率,对自创区内企业创新活动以及企业群落创新绩效产生积极促进作用。因此,自创区政策在市场化程度高的地区和市场化程度低的地区更能发挥其政策效果。

基于这一逻辑,本书借鉴王小鲁等(2017)编制的"各省份市场化总指数",首先计算出研究窗口期2009—2016年的市场化总指数平均值,其次依据33.3%、66.7%分位点将总样本划分为高、中、低三组,最后对各子样本进行回归。市场化程度异质性估计结果如表5.8所示。结果表明,在市场化程度高与市场化程度低的城市设立自创区对企业群落创新绩效的提升显著高于市场化程度中等的城市,而市场化程度中等的城市位于这两者之间,政策效果相对较弱。

表5.8 市场化水平异质性回归结果

变量	(1) 市场化程度高	(2) 市场化程度中	(3) 市场化程度低
	patent	*patent*	*patent*
innozone	4.407 *** (5.59)	1.951 ** (4.19)	2.359 ** (2.27)
控制变量	控制	控制	控制
城市固定效应	控制	控制	控制
时间固定效应	控制	控制	控制
常数项	−19.413 (−1.42)	−15.597 *** (−3.76)	−3.699 (−1.42)
样本量	1 157	1 716	806
Adj_ R^2	0.804 9	0.769 8	0.827 1

三、政府服务水平差异

政府组织能力是决定制度环境的重要因素。就自创区政策而言,政策对企业群落创新绩效促进作用的大小，一定程度上取决于自创区所在城市政府服务水平的高低。完善的制度环境有利于充分发挥市场对高新技术、创新创业活动及创新生产要素的配置作用。因此，相关部门应合理安排政府引导和市场主导之间的关系，避免政府过度干预导致市场失灵。同时，有关部门需要有效阻止企业寻租，防止机会主义行为的出现（孔令丞和柴泽阳，2021），进而激发企业群落创新活力。

本部分对样本城市的政府服务水平进行分类，以探索不同政府服务水平下自创区政策对企业群落创新绩效的影响。借鉴孔令丞和柴泽阳（2021）的分类方式，本书将样本划分为"政府服务水平高""政府服务水平中""政府服务水平低"三组。本书数据源于《管理观察》与北京师范大学政府管理研究院联合发布的《2016 年中国地方政府管理效能排行榜》[①]。政府服务水平异质性回归结果如表 5.9 所示。结果表明，自创区政策效果在政府服务水平高的城市和政府服务水平低的城市更显著。当地方政府服务水平高时，政策实施通过较高的资源配置效率来提高企业生产率，进而提升企业群落创新绩效；当地方政府服务水平低时，政策实施作为一种机制创新，弥补市场机制的缺失，进而提升企业群落创新绩效。

表 5.9　政府服务水平异质性回归结果

变量	(1)	(2)	(3)
	政府服务水平高	政府服务水平中	政府服务水平低
	patent	*patent*	*patent*
innozone	4.875 *** (5.84)	2.073 *** (3.24)	2.262 *** (3.20)
控制变量	控制	控制	控制
城市固定效应	控制	控制	控制
时间固定效应	控制	控制	控制
常数项	6.700 (0.60)	−3.001 *** (−1.15)	−12.120 *** (−3.03)
样本量	1 586	1 209	884
Adj_ R^2	0.813 6	0.823 4	0.754 2

---

① 详见《2016 年中国地方政府管理效能排行榜》。

四、区域发展水平差异

自创区的发展与其所在城市的发展水平紧密相关。地区间制度安排、资源禀赋、基础条件不同，创新效率也会存在差异（王稼琼 等，1999）。区域发展水平决定其知识基础（Asheim & Coenen，2005），资源配置又受经济发展因素的影响，应与知识基础和制度相匹配。鉴于此，本书按照《中国卫生健康统计年鉴》上的标准将城市样本划分为东、中、西部三组，对各子样本进行回归，实证结果（如表5.10所示）表明，自创区政策对东、中、西部的企业群落创新绩效提升均有促进作用。其中，对东部地区城市创新能力的提升作用最大，对西部地区城市创新能力的提升作用相对较小。

表5.10　区域发展水平异质性回归结果

变量	（1）东部地区	（2）中部地区	（3）西部地区
	patent	*patent*	*patent*
innozone	4.716*** (5.83)	1.882*** (3.69)	1.866*** (2.71)
控制变量	控制	控制	控制
城市固定效应	控制	控制	控制
时间固定效应	控制	控制	控制
常数项	−21.334** (−2.00)	−17.258*** (−3.41)	−1.168 (−0.47)
样本量	1 313	1 274	1 092
Adj_ R^2	0.809 5	0.770 4	0.796 6

第四节　本章小结

作为建设区域创新体系的重要试点政策，自创区承载着推进自主创新和高新技术产业发展经验探索及示范引领的任务，为企业群落创新绩效的提升做出了重要贡献。在此背景下，本章从自创区政策设立的视角，收集整理了我国 283 个地级市 2009—2018 年的面板数据，利用双重差分法研究了自创区政策的设立对企业群落创新绩效的影响，并揭示其作用机理。实证结果表明：第一，设立自创区有效促进了企业群落创新绩效的提升，此结论在进行一系列稳健性检验后仍然成立。第二，机制分析发现，自创区通过创新共享效应实现了城市创新资源的跨区域自由流动，促进了城市科创资源的共享，即通过创新共享的吸收效应和扩散效应提升了城市的创新能力。第三，异质性分析发现，数字化水平较高的城市的自创区政策效应显著高于数字化水平中、低的城市；相比其他区域，自创区政策在东部地区的边际效应最大，其次是中部和西部地区；自创区政策在政府服务水平高或是市场化程度高的城市效果较好。

基于上述结论，本书提出以下四方面的政策启示：

第一，利用自创区的政策优势，进一步放大创新共享效应。区域创新资源流动性越强，越有利于发挥自创区政策的作用。未来自创区发展中，一方面，要从政府主导转向市场导向，搭建由多创新主体组成的科创共享平台，并完善科技成果转化配套机制，为引进和输出技术项目提供政策保障；另一方面，鉴于创新共享的吸收效应与扩散效应都存在显著性，后发优势的城市应与东部一线城市进行有效合作，建立知识产权、科创人才跨区域流动的开放合作机制，以弥补创新人才和创新资源的不足，鼓励知识扩散共享，进一步提升企业群落创新绩效。

第二，完善城市科创网络数字化基础设施，实现自创区数字化转型升级。自创区所在城市数字化水平越高，自创区政策效果越好。为此，一方面政府需要提高新型数字基础设施的建设质量，以促进产业融合，催生创新业态，形成新的商业模式，带动高新技术产业的快速发展；另一方面，政府应该开放数字产业，吸收更多的社会资本，筑牢数字技术的根基，并利用区块链技术监管企业数字化进程，引导企业提升数字技术层面的自主创新能力，提升产业集群和企业联盟对数字化转型的价值认同，助力传统产业步入数字化时代。

第三，打造数字政府，提升服务效率，释放政策红利。实证结果表明，自创区政策效果与政府服务水平紧密相关。政府服务水平通过政策安排、资源配置、创新要素流动等影响企业群落创新绩效的提升。基于此，地方政府在利用好中央政府给予的自创区支持政策的同时，应将工作重点落在数字政府建设上。一方面，政府通过构建大数据驱动的政务机制，提升政府服务能力，优化政府治理流程；另一方面，依托数字政务，政府能提升在不同领域的服务能力，增强决策的科学性和有效性，进而形成数字治理模式。

第四，重塑城市营商环境，保障科技型企业公平竞争。良好的市场环境可以打破行政性垄断，有利于提升自创区政策效果。一方面，建立政府服务协调机制，完善科技型初创企业发展成为领头企业的政策服务链，以提升城市政务服务水平；另一方面，鼓励企业家建言献策，参与营商法规的拟定及评估工作，并使之常态化，以法治手段维护公平竞争。

第六章　自创区科创企业创新绩效提升机理研究

在第三章扎根理论分析中，本书构建了基于科创网络的企业创新行为理论模型，在自创区情景下从全局视角明晰了科创网络从建构到创新绩效的作用机制，为科创网络的多层次管理提供了理论与实践指导。在第四章中，本书实证检验了科创平台目标定位对科创平台网络协调效应的影响机制以及市场主导与政府引导的调节效应。在第五章的实证研究中，本书验证了自创区政策对企业群落创新绩效的提升机制和科创网络的异质性。在自创区政策下，科创网络对企业创新绩效发挥什么作用？在实施创新的过程中，企业应该怎样与其他企业开展创新协作，以实现知识、信息等资源的共享，从而提升企业的创新绩效？

上述基于自创区科创网络的企业同群效应理论分析和实证检验表明，科创网络显著促进企业创新绩效，但对于不同所有制企业而言，其影响程度存在异质性。科创网络内的企业技术创新行为，主要是基于技术创新的关系网络，将对技术、信息和知识等创新资源进行多层次的转化，推动了企业的技术进步，进而提高了企业的创新绩效。本章接下来从微观层面，探究自创区科创网络中的同群效应的存在性，以及科创网络如何通过影响企业同群效应，进而对企业创新绩效产生影响的。同时，本章还将通过中介效应探究其背后的影响机制与路径。

第一节　科创网络同群效应与企业创新绩效

面对竞争日趋激烈的市场和不断革新的技术，企业无法仅靠自身资源来获取竞争优势。企业必须探索如何利用科创网络获取关键信息、创新技术和研发资金等科创资源，提高企业自身的创新能力，从而提升企业的创新绩效。企业创新绩效的提升离不开其所在的社会关系网络，而社会关系网络可以为企业进行技术创新提供多样性资源。社会关系网络理论是指企业间以联结为载体所形成的链接关系，企业从相互关系中获得多样性和异质性的信息与资源（Granovetter，1973）。已有研究表明，科创网络环境下，通过创新主体间的知识交流与技术传递，企业能够提升自身的创新绩效（解学梅和左蕾蕾，2013）。科创网络作为一个具有自我增益能力的生态体系，它能够推动资源共享、知识传递、技术传播、知识增值和创新的产生（李永周 等，2018）。Gulati 等（2000）提出，要准确地评价企业的创新绩效和创新能力，必须要对企业嵌入的科创网络进行全面的分析。科创网络为企业获取异质性资源提供重要的渠道。企业借助其所在的关系网络来获取研发所需的新思想和信息，通过在组织中进行学习与交流，实现创新资源的共享，从而推动企业开展技术创新（Powell，1999）。

首先，在关系网络中，不同企业在价值链中处于不同地位，通过科创网络可以完善企业资源获取渠道，并在更大空间范围内获取所需资源，从而提高资源配置效率并促进企业创新绩效的提升（Laursen et al.，2014）。此外，科创网络关系嵌入促进企业间的联系，企业通过这些联系获取更多的互补性资源来丰富其创新资源（Teece，1986）。

其次，通过网络嵌入，企业间资金、信息和技术流动变得更加活跃，可以加快知识的积累，进而提高企业的创新绩效（盛科荣 等，2021）。科创网络是企业间和企业内部进行讨论与交流的一个重要平台，它可以有效改善企业技术、管理和流程中的不足，促进信息的流动（Jiang et al.，2018），进而提高企业的创新绩效。在科创网络中，知识不再被视为企业独有的、不可模仿、无法复制的资源。由于网络联系、联盟关系和协作关系，来自一家企业的知识与技术可以通过科创网络渠道传播到其他企业（Andersen，2013）。科创网络的嵌入可以促进知识的传播，在知识集聚的前提下，将创新所需资源高效组织起来，降低创新研发所需成本，为提升企业创新绩效奠定基础（王新华 等，2019）。

最后，网络嵌入不仅能够使企业获得外部知识，使得知识传播不再只具有本地化特征，还能够通过网络外部性降低匹配和交易成本，促进知识扩散和技术外溢，进而重塑本地知识体系并提高企业创新绩效（陆军 等，2020）。Shi 等（2019）提出，当企业外部知识搜索的广度和深度适中时，合作网络环境中，外部搜寻对于企业的创新绩效影响较大，知识网络中的网络中心度与结构洞对企业创新绩效有积极促进作用。可见，网络嵌入对创新行为与创新绩效存在不同程度的影响。科创网络中的知识溢出效应促进企业以创新为目的进行跨组织合作研发（Angeles et al., 2011）。企业向竞争对手和合作伙伴学习，消化外部知识，并将其转化为内部知识，提升其创新能力（Pan et al., 2018）。因此，科创网络中处于不同位置的企业均能从知识溢出效应中受益。

综上所述，科创网络和创新绩效关系与影响机制相关的研究已取得显著进展。然而，在自创区情景下从同群效应视角分析科创网络与企业创新绩效关系的研究相对不足。已有对科创网络的研究大多是以高新技术企业为研究主体，以自创区内企业为研究主体的研究相对较少。自创区内企业形成的科创网络，通过何种作用机制来影响创新绩效是值得深入探讨的议题。科创网络相关研究主要从网络嵌入视角来分析，科创网络对创新绩效的影响，其中，科创网络对企业创新绩效的机理没有达成一致，即同时存在负外部性和正外部性。因此，本章节基于科创网络理论与同群效应理论，探究自创区企业的科创网络与企业创新绩效的关系机理。

第二节　理论分析与研究假设

一、自创区科创网络同群效应

（一）同群效应理论

同群效应是指在相同的群体中，由于不同的社会联系发生交互作用，使得个体的行动和结果发生变化（赵颖，2016）。在社会互动中，人们的行为容易受到相似群体的影响，从而会对自身的行为策略和目标选择做出及时的调整，从而产生同群效应（Zhou & Lai, 2009）。鉴于同群效应的普遍性和其在解决社会问题时的重要作用，同群效应已经引起了社会学、教育学、经济学、心理学、金融学和管理学等领域大量学者的关注（Bena et al., 2014）。同群效应可以产生社会乘数效应（social multiplier effect），即同群对个体态度、行为等的影响能够在同群个体间扩散，倍数放大，促使行业或社会层面的重大变化（Kaustia et al., 2015）。当个体被公开点名时，其会感觉到有更多人关注自己，并会在同伴压力驱使下调整自身行为，进而产生点名效应（the pinpointing effect）（焦媛媛和李智慧，2020）。因此，同群效应的形成主要基于模仿和学习产生的社会乘数效应以及由同伴压力引起的点名效应（Francis et al.，2016）。

由于任何有管理经验的管理者都会密切关注同行企业的发展及其战略选择，因此企业行为是同群效应的潜在领域（Bizjak et al，2008）。有研究表明，企业行为普遍受到同群效应的影响，如企业资本结构（赵婧和杨宁霞，2022）、企业融资决策（Leary et al.，2014）、企业投资决策（Foucault & Fresard，2014）以及企业社会责任（韩沈超和潘家栋，2018）等方面往往与同行的决策存在高度的相关性。在企业创新领域中，企业研发支出的同群效应尤为显著（刘静和王克敏，2018）。同群效应的主要表现之一是模仿。这是一种常见的形式，如今出现在企业各种业务领域。一般情况下，当一个企业率先开发出一种新产品或新技术时，其他企业就会纷纷效仿（宋广蕊 等，2021）。基于社会学习机制，企业行为和决策会受到企业认知、管理者认知和创新环境三者交互作用的影响。由此，企业通过学习和模仿同群中的其他企业，不断优化自身的创新决策（吴卫红 等，2022）。

因此，不同学科的学者提出了许多理论来解释企业间相互模仿的原因。具体而言，企业行为会受到群体中其他企业的显著影响，由此会模仿与自身特征相似的企业的行为决策，进而减少不确定性带来的潜在威胁（刘静和王克敏，2018）。"信息学习"和"代理成本"是促使企业同群效应的潜在原因，主要表现为处于信息劣势的后发企业倾向于模仿具有信息优势的龙头企业的行为（李秋梅和梁权熙，2020）。

依据竞争理论，理性的决策者会模仿成功的竞争对手，以减少在寻找最佳解决方案时付出的努力，降低信息搜寻成本（Lieberman et al.，2006），进而有利于促进企业的创新绩效。在竞争理论框架下，市场经济中的其他参与者会对企业施加一定的压力，使企业在压力下不断提高自己的决策水平，从而产生同群效应。

此外，同群效应除了模仿还有其他表现形式。基于竞争理论，Bizjak 等（2008）学者发现，一家企业的首席执行官（或高管）参考同行企业的薪酬情况来调整企业的薪酬决策。同时，迫于来自同行竞争对手的压力，企业高管通过观察和模仿同行业中其他企业的行为，以缓解竞争压力，进而获取行业中的竞争优势（万良勇 等，2016）。然而，目前尚不清楚同群企业是否在塑造企业创新投资决策方面扮演核心角色。众所周知，创新投资不同于其他投资，投资回报周期长、风险高、资本密集，具有较大的不确定性。

在企业个体具有有限理性的情况下，企业创新绩效在很大程度上会受到同群企业的影响（孙瑜辰，2018）。企业会时刻关注可参考创新战略决策的同群企业的创新行为，并将其作为重要依据和驱动力。市场竞争越激烈，企业越容易受到同群企业的影响（彭镇 等，2020）。龙静（2016）提出，社会关系网络在企业创新阶段会产生重要的影响。尤其在创新阶段早期，企业只有主动发展关系网络，才能获取资源，得到市场机会。然而，企业对关系网络的依赖并不仅仅局限于创新阶段初期，更需要关系网络提供持续的技术信息以及各种异质性资源。

（二）自创区科创网络与企业创新绩效主效应假设

根据资源理论，网络嵌入是企业重要的社会资本，它有助于企业获取信息、知识、资金等创新资源（Coleman，1988），并以此为基础来进一步提高创新能力（Granovetter，1985）。具体而言，科创网络对企业创新绩效的影响表现为以下三个方面：

第一，网络关系有助于完善企业资源获取渠道（Laursen et al.，2014）。科创网络中更高层次的关系嵌入意味着企业之间存在着一种密切的关系，而这种关系可以为企业提供更多的信息和知识，有利于企业进行创新活动（Teece，1986）。网络关系嵌入程度的提高会加强企业与其他企业的交流与学习，为企业获取异质性资源提供更多的机会；关系紧密可以使企业更好地了解彼此可以利用的资源，更好地获取现有技术所需的知识和资源，从而促进企业创新。

第二，通过网络关系嵌入，企业可以降低搜寻成本，并通过各种渠道拓宽获取创新途径。（Koka et al.，2008）。随着企业与外界的沟通越来越频繁，企业的知识和信息的交换也越来越频繁，其知识分享的机制也在不断强化。企业不但能够获得显性的知识，而且可以在企业创新中融入隐性知识，从而不断提高企业的创新能力和绩效（张方华，2010）。

第三，关系嵌入可以降低企业之间的信息不对称，从而减少网络中的各种机会主义风险和"搭便车"现象（Williamson，1971）。Banerjee（1992）也认为，企业在运用信息的过程中存在"搭便车"行为，而这种行为会减少企业创新的动力。网络关系嵌入则描述了网络主体之间关系的紧密度，即交易双方以交易目标和需求作为基础，表现出互信、互惠、信息与资源共享的基本特征（Gulati，2000）。网络关系嵌入通过增强创新主体之间的网络连接强度、网络关系稳定性、关系质量和网络互惠等方面对企业创新绩效产生影响（张悦 等，2016）。创新活动需要参与主体间的深度交流，以便在网络中交换隐性知识与信息，因此，关系嵌入通过建立稳定长久的网络联系，降低信息不对称带来的风险，有效阻止合作中的机会主义行为，促进知识的共享和溢出，进而提升企业创新绩效（杨博旭 等，2019）。由此可见，网络关系嵌入增加了企业的信息来源，产生了信任和互惠，这将有助于企业提高创新绩效（Boxu et al.，2022）。

H1：当处于自创区同一科创网络下，企业创新绩效具有同群效应。

（三）科创网络同群效应对企业创新绩效的影响

根据集群理论，产业集聚是区域经济发展的重要因素（March et al.，1991）。产业集聚通过共享、匹配和学习机制影响企业的行为策略与创新绩效，尤其是互相学习可以促进知识溢出并提高企业创新能力和绩效。自创区企业的地理邻近性为企业间交流知识提供了一定的物理条件，企业间借助科创网络建立互动机制，进而增强技术创新能力。如 Xiong 等（2016）发现，同群效应在创新传播中的三个渠道分别是：信息共享效应、学习效应和网络外部效应。具体而言，产业集聚对自创区内企业创新的影响方式可分为以下三个方面：

一是信息共享效应，即自创区内企业很容易通过同行获得创新投资相关的信息，进而做出投资决策。信息作为一种资源被开发和利用，并被视为不断提高企业创新能力的驱动力，其应用程度对企业的创新活动有着深远的影响。例如，有学者发现，关系网络可以促进新信息和技术的传播，从而提升企业创新能力（Brooks，2019）。

二是学习效应，即企业可以利用龙头企业在自创区的实践创新资源。企业集聚会产生知识溢出效应，使企业相互学习，共同进步。创新投资过程复杂并充满不确定性，因而学习相似企业的创新投资经验可以为企业降低成本，有利于企业做出更明智的决策（宋广蕊 等，2021）。面对盈利能力不确定的创新，企业通常采取从邻近企业的经验中学习的策略，以作出更明智的创新决策（Bala & Goyal，1998）。学习同群企业行为可以协助企业自身做出更理性的决策，参照同群企业决策可以降低企业创新过程中的不确定性（冯戈坚和王建琼，2019）。

三是网络外部效应，企业在同一地区的集聚为企业竞争创造了相对有利的成长环境，学习机制与竞争机制可以促使企业知识溢出与技术创新，从而带动其他企业加大创新投资，为技术的进步提供基础。外部性是影响技术与产品传播的重要因素。科创网络中随着企业数量的增加，外部性可以在微观、中观、宏观等不同层面产生影响（Bandiera et al.，2006）。其中，微观层面外部性促进个体之间信息传播；而中观层面外部性促进企业群体与外界更频繁的联系；宏观层面外部性影响整体关系网络。在科创网络中，企业间的资源条件、政策环境、管理机制和服务体系更加紧密，并且创新园区人才、技术、知识和信息交流频繁，通过外部效应进行创新，共享专业的服务、熟练的劳动力，分享隐性知识和技术信息，企业更有可能基于学习机制和竞争机制进行互动并产生知识溢出，从而提高创新能力和绩效（Mo et al.，2020）。

虽然科创网络中的同群效应可以激励企业之间进行竞争，但是竞争的激烈程度也会影响整个行业的利润水平，阻碍企业的正常研发投资。如Hartmann 等（2006）发现，研发投资的回报与企业创新绩效存在非线性关系，当达到临界点后，过度加大研发投入会使企业的其他开支被挤压，从而给企业的正常运营带来负面影响。项云帆（2016）运用中国上市公司的面板数据，研究研发强度、创新速度及技术商品化投入对市场绩效的影响。研究发现，创新过程的投入与市场绩效之间存在显著的非线性关系。因此，企业在与同行保持一致的情况下，会谨慎做决策或者从其他的信息中学习，以获取外溢知识，提升企业的创新能力。另外，企业也有可能忽略自身的竞争优势，从而造成过度投资或缺乏投入。在这种情况下，盲目模仿同行的创新策略可能会将资源过度投入研发活动，并分散管理者对提升企业价值战略的关注，进而对阻碍企业创新能力的提升（Fairhurst & Nam，2020）。此外，无法依据自身实际确定最优财务政策和研发策略的企业，可能缺乏对同行企业的观察和学习，无法做出相应的最佳策略（Grennan，2019）。在这种情况下，过度模仿同行可能会导致财务策略和研发投资失败（Foroughi et al.，2022）。在融资决策中，同群效应会降低企业特有的风险，但会加大企业所面对的系统性风险，从而使企业整体的风险增大（李秋梅和梁权熙，2020）。创新投资充满不确定性，企业通过模仿同群中的其他企业来降低风险，而持续依赖模仿创新行为可能会降低企业进行自主创新的动机。因此，科创网络中提升企业自主创新能力需要减少企业的盲目模仿和跟风行为（李永周 等，2018）。尽管同群效应会激励企业开展研发投资，但也可能因盲目模仿和过度竞争而对企业创新绩效产生非线性影响。因此，自创区内企业形成的科创网络具有同群效应，自创区的内部企业能否通过科创网络同群效应来提升企业创新绩效呢？基于第三章扎根理论的同群效应及以上分析，本书提出如下假设：

H2：科创网络同群效应在自创区与企业创新绩效之间具有中介作用机制。

自创区科创网络下同群效应影响企业创新绩效的构念模型如图 6.1所示。

图 6.1　自创区科创网络下同群效应影响企业创新绩效的构念模型

二、同群效应对创新绩效的影响机制分析

（一）同群效应与企业 R&D 经费强度

竞争理论表明，理性的决策者会模仿成功的竞争对手，以避免在寻找最佳解决方案时付出努力或搜索成本（Lieberman et al., 2006）。Klemperer（1992）提出，参考同群企业的决策经验能够缓解企业的竞争压力。在不确定的社会背景下，大部分企业都有从众行为，如经营策略、投资策略等。相较于其他固定资产投资，研发投资等创新活动具有更大的不确定性并且需要投入更多的资源（王雯，2019）。Delfino 等（2016）研究发现，企业会及时关注同群企业的动态并依据其策略调整自身的研发投资。企业研发决策主要受同行业同群企业研发决策及其特征变量的影响，相同地区、具有相似财务特征的同群企业通过特征变量影响企业研发决策（朱艳丽 等，2021）。相较于模仿其他策略，研发投资的学习与模仿更为困难。一方面，研发投资需要大量的资金投入。而部分中小企业缺乏相应的资金，无法模仿其他企业的研发行为（Hoberg & Maksimovic，2015）。研发活动本身投入大、风险高、周期长、不确定性高，进一步削弱了中小企业研发投入的积极性与强度（高艳艳和覃鹭，2021）。同群效应可能存在异质性。与更有能力承担与创新相关的风险和成本的大型成熟企业相比，小型

或年轻企业不太可能模仿，从而难以促进其创新绩效的改善。另一方面，研发投资对企业降低生产成本和提高竞争力具有深刻影响，企业通过模仿同行企业有助于提高自身的市场竞争力。方军雄（2012）发现，投资同群行为有助于节约管理者在投资前收集信息的成本，同时也有助于管理者规避投资失败的责任。为了降低研发投资风险并提高竞争力，企业存在强烈的模仿同行创新投资策略的动机（Gordon et al., 2020）。此外，创新投资产生的成果可能具有很强的溢出效应。相关研究表明，技术知识溢出可以降低企业研发成本，鼓励其他企业加大创新投入（Sun et al., 2021）。考虑到同一行业的市场环境相似，同行之间的信息交流更为有效。在自创区的科创网络中，由于同群效应的存在，企业之间的研发投资将会增加，企业的创新绩效也会提升。基于以上分析，本书提出如下假设：

H3：自创区科创网络的同群效应，可以通过企业 R&D 经费投入提高企业创新绩效。

（二）同群效应与企业 R&D 人员占比

作为重要的社会行为，同群效应反映了个体在决策过程中的互动。企业通过相互模仿和相互学习优化生产经营决策并降低生产成本，进而加大研发人员的投入。企业 R&D 人员占比的高低与企业的管理经验、生产成本和所获取的信息质量有直接的关系。自创区科创网络所形成的同群效应有利于降低企业研发成本，提高企业 R&D 人员占比，进而提升企业创新绩效。鉴于此，同群效应对企业 R&D 人员占比的影响体现在以下三个方面：

第一，在信息不对称的市场环境中，企业主体往往通过学习同行企业的管理经验以降低失败的风险，这有助于企业做出更为明智的决策并提高企业 R&D 人员占比。如 Zhou 和 Lai（2009）发现，在经济低迷时期，同群效应往往更为普遍，并且企业通过对同行企业决策行为的学习和对比，能够更全面审视投资风险和价值，并降低决策失败的风险，从而提升投资和财务决策水平，优化财务结构，加大企业研发人员方面的投入，进而提升创新绩效（Zhou & Lai, 2009）。第二，由于创新过程较为复杂并且充满不确定性，学习和模仿同行企业有助于降低企业信息搜寻成本和企业 R&D 人员成本，从而提高市场竞争力。当企业面临激烈的竞争时，特别是处于劣势时，往往会模仿同组竞争对手的决策行为，以便及时调整自己的行为，选择最优解决方案。Leary 和 Roberts（2014）研究发现，市场规模较小且利润增长较慢的中小企业对同行经营决策更为敏感，他们更愿意通过模仿和学习同行企业 R&D 人员占比方面的决策来增强创新方面的市场竞争力。第三，在点名效应的作用下，同行中经营费用比率较高且创新绩效不理想的企业将面临更大的同群压力，且会主动进行研发决策调整，从而通过改善研发人员结构来增强企业创新动力。Schmidt 等（1975）提出创新绩效较差的企业在同群压力的影响下，往往会因受到更多关注而调整研发决策，改善创新绩效并提高自身竞争力。基于以上分析，本书提出如下假设：

H4：自创区科创网络的同群效应，可以通过企业 R&D 人员占比提高企业创新绩效。

自创区科创网络的同群效应影响企业创新绩效的中介机制构念模型如图 6.2 所示。

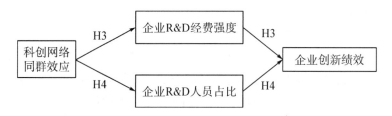

图 6.2　自创区科创网络的同群效应影响企业创新绩效的中介机制构念模型

第三节　研究设计与统计分析

一、样本选择与数据来源

在此基础上，本书选取了 2010—2020 年沪深 A 股上市企业为研究样本进行实证分析。在获取样本之后，根据以下条件对样本进行甄别：①剔除研发投入为 0 的样本；②剔除金融类样本；③剔除研究期内 ST、＊ST 及退市的样本；④剔除上市不足一年的样本；⑤剔除相关变量有缺失的样本。本章通过以下四步构建数据库：第一步，建立了科创网络中企业间的社会网络数据库，对自创区科创网络进行识别。现有研究通过两种方法对自创区企业进行识别：第一种是利用自创区边界信息和企业所处的经纬度进行核查，筛选出自创区边界以内的企业。第二种是通过企业所在地址进行筛选，如果地址信息中含有"产业园区""高新区""自创区"等特征字样，则被视为自创区内企业；反之，则被视为非自创区企业（柴泽阳和孔令丞，2021）。然而，上述两种方法忽视了自创区政策的外溢效应。具体识别过程为：先利用高德地图搜集自创区管理委员会的经纬度信息，并以此作为核心位置。再根据 CSMAR 数据库中的上市公司注册地进行识别并补充企业名称和地址，通过高德地图进行地理位置核实，确定自创区企业数量和地理位置。构建年度"科创—公司"二模矩阵，识别处于相同自创区的企业名称、资本规模以及分支结构等信息。借鉴 Rong 等（2022）的做法，以二模矩阵为基础，利用 UCINET 软件，建立"公司—公司"一模矩阵，如果相同年度多家企业嵌入同一个科创网络，那么将其定义为同群企业并将其赋值为 1，若不属于同一个科创网络的企业，则不识别为同群企业并将其赋值为 0。第二步，依据 CSMAR 数据库，识别科创网络中每个企业各种类型的专利（发明授权型、实用新型、外观设计型）数量等信息，并构建企业创新绩效数据库。第三步，根据前两步匹配的上市企业代码选取企业 R&D 人员占比、企业 R&D 经费强度以及企业规模等信息，并构建自创区企业数据库。第四步，根据前三步匹配的上市企业注册地，再次匹配城市统计年鉴，控制城市规模、集聚经济以及产业结构等城市层面的影响因素（王营和曹廷求，2020）。经过上述处理，本书共计得到 40 090 个公司十年的样本数据，研究窗口时间区间为 2010—2020 年。为了克服极端值对研究结论的影响，本书对所有连续变量进行 1% 和 99% 水平上的缩尾去中心化处理，并利用 Stata17 软件对数据资料进行处理和统计分析。

二、模型设定与变量描述

（一）模型设定

参考企业同群效应相关文献的做法，本书构建了如下科创网络与企业创新绩效模型：

$$C_{ijt} = \alpha + \beta\,innozone_{ijt} + \lambda\,X_{ijt} + industry_{it} + year_t + \varepsilon_{ijt} \qquad (6.1)$$

$$MPEER_{ijt} = \alpha_1 + \beta_1\,innozone_{ijt} + \lambda\,X_{ijt} + industry_{it} + year_t + \varepsilon_{ijt} \qquad (6.2)$$

$$MYFI_{ijt} = \alpha_2 + \beta_2\,innozone_{ijt} + \lambda\,X_{ijt} + industry_{it} + year_t + \varepsilon_{ijt} \qquad (6.3)$$

$$MYYS_{ijt} = \alpha_3 + \beta_3\,innozone_{ijt} + \lambda\,X_{ijt} + industry_{it} + year_t + \varepsilon_{ijt} \qquad (6.4)$$

$$C_{ijt} = \alpha_4 + \beta innozone + \gamma_1 MPEER_{ijt} + \gamma_2 MYFI_{ijt} + \gamma_3 MYYS_{ijt} +$$
$$\lambda\,X_{ijt} + industry_{it} + year_{it} + \varepsilon_{ijt} \qquad (6.5)$$

其中，C_{ijt} 为被解释变量，代表第 j 个关系网络中企业 i 在 t 年的创新绩效。$innozone_{ijt}$ 为解释变量，代表企业是否处于自创区，若企业处于自创区，取值为 1；否则，取值为 0。$MPEER_{ijt}$ 为中介变量，代表企业同群效应；$MYFI_{ijt}$ 代表企业 R&D 人员占比，$MYYS_{ijt}$ 代表企业 R&D 经费强度。X_{ijt} 表示控制变量，包含微观和宏观两个层面，控制影响企业创新绩效的其他因素。$year$ 和 $industry$ 分别为时间和行业固定效应；ε 为随机误差项。式（6.1）、式（6.2）、式（6.3）、式（6.4）和式（6.5）分别重点关注是否处于自创区、同群效应、企业 R&D 经费强度和企业 R&D 人员占比；若 β、γ_1、γ_2、γ_3 的值显著为正，则说明存在同群效应、企业 R&D 人员占比和企业 R&D 经费强度的中介变量。

（二）变量定义

被解释变量：企业创新绩效（$patent$）。企业创新是企业为了改进已有技术而引入和消化新技术，从而创造出一种具有核心价值的新产品或新技术。反映企业创新绩效最常用的指标为专利数量，包含专利申请量和专利授权量。本书借鉴冯戈坚和王建琼（2019）的方法，采用专利数量来刻画企业创新绩效。

解释变量：设立自创区（$innozone$）。本书将政策变量 $innozone$ 设置为虚拟变量，若城市 i 在 t 年拥有自创区，则取值为 1；否则，取值为 0。

中介变量：①科创网络同群效应（$peer$）。根据"公司—公司"一模矩阵，将同一个自创区内的企业界定为同群企业。本书依据冯戈坚和王建琼（2019）、郭莉和程田源（2022）、张国胜和杜鹏飞（2022）等文献，测算同群企业的创新投入均值，依据 C_{ijt} 计算 $peer$。②企业 R&D 人员占比。通过研发人员数量占营业收入的比例来衡量企业 R&D 人员占比，进而反映企业研发活动的人员投入力度（谢富胜和匡晓璐，2020）。③企业 R&D 经费强度。目前学术界在经验分析中通常采取研发投入占营业收入比例来衡量此指标（罗福凯 等，2018）。

控制变量：企业创新活动中有诸多因素会影响企业创新绩效，为了排除相关因素可能带来的变化，在已有研究的基础上，本书参照权威文献的成果，从城市属性、产业特征、创新资源三个方面构建了影响企业创新绩效的控制变量（原东良 等，2022）。本书借鉴黎文靖和郑曼妮（2016）、谭小芬和钱佳琪（2020）、冯戈坚和王建琼（2019）的研究控制了企业层面的变量。城市层面的控制变量主要包括：①城市经济发展水平（gdp）。

用以反映城市经济发展规模，城市经济发展水平越高，越有利于提升企业创新绩效。②城市规模（pop）。采用城市人口总量来测量，城市规模越大，人口越多，越有利于为企业提供创新活力。③外商投资水平（fdi）。采用外商投资额占 GDP 的比重来衡量，外商投资通过引进前沿技术、知识管理经验来影响创新效果。④集聚经济（industry）。采用第二产业占 GDP 的比重来衡量，有效度量城市资源配置情况。由于企业层面的数据较为缺乏，无法获取企业层面所有相关信息，因此，本书主要选取企业规模作为企业层面的控制变量。企业规模（firm size）这个指标能有效度量企业的发展水平。主要变量名称及其测度方式见表 6.1。

表 6.1 主要变量名称及其测度方式

变量类型	变量名称	测度方式
因变量	企业创新绩效	企业专利数量
自变量	自创区	若属于自创区内企业，则赋值为 1；否则，赋值为 0
中介变量	同群效应	同一个自创区内企业创新投入均值
	企业 R&D 人员占比	研发人员占营业收入比例
	企业 R&D 经费强度	研发投入占营业收入比例
企业层面控制变量	企业规模	企业总资产的对数
城市层面控制变量	城市创新绩效	城市每万人专利数量
	城市经济发展水平	人均 GDP 的对数
	城市规模	城市人口总数的对数
	集聚经济	第二产业占 GDP 的比重
	外商投资水平	外商投资额占 GDP 的比重

三、统计分析

本书的研究对核心变量进行了统计分析，其中主要变量的描述性统计分析如表 6.2 所示。从个体企业角度来分析，各企业之间的创新绩效存在着显著的差异，其最大值为 57 218，最小值为 0，均值为 159.735；同群效应的最大值为 540.15，最小值为 7.909，均值为 161.327，表明不同科创网络之间同群效应存在较大的差异。核心解释变量自创区的最大值为 1，最小值为 0，平均值为 0.425 2，表明大部分企业不在自创区。不同企业的规模差别不大，企业规模的最小值和最大值分别为 11.815 和 26.58。城市创新绩效的最小值为 0，最大值为 11.848，均值为 9.444，标准差为 1.598，表明不同城市之间创新能力存在较大的差异。集聚经济的最小值仅为 1.099，最大值达到 9.722，均值为 8.054，标准差为 0.959。研究结果表明，各地区的第三产业发展水平差异较大。其他变量统计结果与现有文献基本一致，因此不再赘述。

表 6.2　主要变量的描述性统计

变量	均值	标准差	最小值	最大值
企业创新绩效	159.735	1 026.993	0	57 218
自创区	0.425 4	0.494 4	0	1
同群效应	161.327	106.829	7.909	540.15
企业 R&D 人员占比	0.156 9	0.121 7	0.003 1	0.701
企业 R&D 经费强度	0.046 9	0.040 7	0.000 3	0.268 8
企业规模	19.838	1.168	11.815	26.58
城市创新绩效	9.444	1.598	0	11.848
城市生产总值	11.293	0.531	4.595	12.281
城市规模	6.405	0.653	2.944	8.136
集聚经济	8.054	0.959	1.099	9.722
外商投资水平	12.32	1.669	1.099	14.941

表 6.3 报告了主要变量的相关性分析结果。企业创新绩效和同群效应的相关系数约为 0.104，在 1% 的水平上显著，表明企业创新绩效和同群效应具有高度的相关性。对于其他变量，企业规模、城市创新绩效、城市生产总值、集聚经济、外商投资水平均与同群效应在 1% 的水平上显著正相关。

表 6.3　主要变量相关性分析

变量	(1)	(2)	(3)	(4)	(5)	(6)	(7)	(8)	(9)	(10)
企业创新绩效	1	—	—	—	—	—	—	—	—	—
同群效应	0.104 ***	1	—	—	—	—	—	—	—	—

表6.3(续)

变量	(1)	(2)	(3)	(4)	(5)	(6)	(7)	(8)	(9)	(10)
企业R&D人员占比	0.021***	0.102***	1	—	—	—	—	—	—	—
企业R&D经费强度	0.212***	0.317**	-0.271***	1	—	—	—	—	—	—
企业规模	0.147***	-0.010*	-0.044***	0.123**	1	—	—	—	—	—
城市创新绩效	0.044***	0.410***	-0.086***	-0.217**	0.525***	1	—	—	—	—
城市生产总值	0.053***	0.488***	-0.088***	0.796***	0.245***	0.477**	1	—	—	—
城市规模	-0.001	0.036***	0.043***	0.502***	0.126***	0.171***	0.212***	1	—	—
集聚经济	0.016***	0.175***	-0.115***	0.813***	0.594***	0.473***	0.327***	0.367***	1	—
外商投资水平	0.026***	0.233***	-0.057***	0.810***	0.671***	0.579***	0.744***	0.477***	0.522***	1

第四节　实证结果分析

一、基准回归

为提高估计结果的准确性，首先，对基准回归模型进行多重共线性、序列自相关以及异方差问题检验。结果显示，回归模型VIF均值为3.51且最大值为7.76，均小于10，因此模型不存在多重共线性。BG检验的P值为0，表示模型不存在序列自相关。White检验的P值为0，说明模型存在一定的异方差问题。在样本容量较大时，即使存在异方差问题，也可以通过使用稳健标准误来使所有的参数估计和假设检验正常运行。因此，借鉴目前学者们通用的做法，在OLS回归中使用稳健标准误来降低异方差导致的偏差。其次，依据自变量的属性，分别对模型进行OLS回归（OLS）、泊松回归（Poisson）以及零膨胀泊松回归（ZIP），比较不同回归模型的差异及其适用性。其中，OLS回归主要用于连续型数据，而泊松回归主要用于离散型数据。此外，若数据含有较多0值，则采用零膨胀泊松回归。由于企业专利数量是非负整数，其数据近似属于离散型并且服从泊松分布，因此需使用泊松回归。然而，由于解释变量中存在较多零值，因此可以进一步利用零膨胀泊松回归进行检验，选择合适的回归方法提高结果的准确性。最后，由于个体差异不随时间变化而导致的变量遗漏问题，本书采用了双向固定效果模型，对个体效应、年份效应以及行业效应的影响进行了控制，以减少企业层面的不可控因素对估计结果造成的影响。在不同模型中，零膨胀泊松回归的似然函数值最大且 AIC 值较小，反映出零膨胀泊松回归模型拟合效果更好。因此，在企业创新绩效分析中，主要选择零膨胀泊松回归模型进行估计，以解决变量"过度分散化"问题，并提高估计结果的准确性。

在科创网络中，企业间知识溢出与信息交流更频繁，具有同群效应，可以提升企业创新绩效。在表 6.4 的回归结果中，解释变量科创网络估计系数显著为正，并且科创网络的企业平均创新绩效每提高一个百分点，上市公司企业创新绩效会提高约 0.005，这反映出当企业处于相同科创网络时，同群企业之间基于相互竞争和学习关系能够产生一种有效的协同，并实现知识和技术的外溢，进而提升企业的创新绩效。因此，假说 H1 得到验证。从企业层面控制变量来看，企业规模的估计系数也显著为正，并且企业规模每提高一个百分点，企业创新绩效会提高 0.556，反映出规模经济对企业创新绩效产生了显著的促进作用。此外，从城市层面控制变量来看，城市经济发展水平和创新能力以及集聚经济均对上市企业创新绩效产生促进作用，反映出经济较发达且创新能力较强的城市往往会吸引科创人才与科创企业集聚，不仅为企业创新绩效提升提供了大量优质的劳动力，而且为其提供了较好的产学研平台和市场。尤其是集聚效应吸引了大量企业集聚，并通过共享、匹配和学习促进隐性知识的传播和知识的溢出，从而提升企业创新绩效。然而，城市规模和外商直接投资水平的估计系数却显著为负，并且城市规模每提高一个百分点，企业创新绩效会降低 0.030 4，外商直接投资水平每提高一个百分点，企业创新绩效会降低 6.304，这反映出尽管人口数量较多的大城市为企业创新提供了大量的人才、资金和信息等资源，但大城市交通拥挤且人口多产生的拥挤效应对企业创新绩效的提高产生了阻碍作用。此外，尽管外商直接投资能为本地企业带来先进的技术和管理经验，但也加剧了企业间竞争，这在一定程度上对企业创新绩效提升产生了负面效应。

表 6.4　科创网络下企业创新绩效的回归结果

变量	OLS	Poisson	ZIP
自创区	0.927*** (9.84)	0.004*** (15.34)	0.005*** (11.73)
企业规模	134.093*** (12.21)	0.554*** (27.02)	0.556*** (23.47)
城市创新绩效	19.374*** (3.82)	0.062** (2.00)	0.065*** (5.63)
城市生产总值	−22.832** (−1.99)	0.02 (0.27)	0.02*** (12.33)
城市规模	−53.805*** (−3.13)	−0.306*** (−3.61)	−0.030 4*** (−3.70)
集群效应	8.989 (0.97)	0.065 (1.20)	0.057*** (7.60)
外商投资水平	5.72 (1.10)	−0.009 (−0.27)	−0.009*** (−17.65)
常数项	−233.24*** (−11.11)	−6.285*** (−7.01)	−6.304*** (−34.68)
个体/年份固定效应	控制	控制	控制
行业固定效应	控制	控制	控制
样本量	40 090	40 090	40 090
R^2	0.34	0.29	0.36

注：括号内为基于稳健标准误调整的 t 值；*、**、*** 分别表示在 10%、5%、1% 的水平下显著，下同。

二、异质性分析

（一）企业产权性质异质性

作为重要的制度因素，不同所有制结构的企业具有不同的制度逻辑，同时也面临差异化的外部环境和创新压力，从而形成了不同的创新资源和创新动力（李瑛玫和史琦，2019）。张先治和柳志南（2017）提出企业的产权性质决定着企业的风险承担能力，进而影响企业的经营管理与战略决策。具体而言，民营企业和外资企业主要受到市场因素的影响，并且更强调效率和利润最大化。它们面临更激烈的市场竞争和更大环境压力，创新能力更强,但创新资源却更少,因此,更有动力开展技术创新。然而,国有企业主要受到政府因素的影响,更侧重于政治绩效和社会福利最大化(李春涛和宋敏,2010)。它们承担了大量税收负担与产业转型升级的任务,市场竞争压力更小,但拥有更多的创新资源,从而导致其创新动力相对不足。因此,为分析科创网络对不同所有制企业创新绩效的异质性影响,本书进一步利用零膨胀泊松回归进行分析,为同群效应影响企业创新绩效提供更充分的经验证据(见表6.5)。

表6.5的结果表明,在不同所有制下,自创区科创网络对企业创新绩效改善均产生了促进作用,但影响程度存在显著差异。具体而言,科创网络对外资企业创新绩效影响效果最强,其次是民营企业,最弱的是国有企业。出现上述结果的原因在于,外资企业具备更先进的技术和管理经验,在激烈的市场竞争中获取国际同行的信息更为便利,使得其科创网络下的同群效应最为明显。随着中国改革开放进程的不断推进,国有企业改革也在不断深化,这激发了国有企业的创新活力,提高了其市场竞争力。同时,科创网络也对国有企业创新绩效产生了显著的促进作用。然而,自创区科创网络对国有企业的促进作用低于民营企业和外资企业,反映出国有企业在获取市场信息和学习技术方面的速度和能力有待提高,亟待进一步深化国有企业体制改革并强化其创新能力和市场竞争力。从微观企业层面控制变量来看,企业规模对外资企业创新绩效的促进作用更为明显,而对国有企业和民营企业创新绩效的影响较为接近。从宏观城市层面控制变量来看,城市经济发展水平和集聚经济对不同类型企业的创新绩效产生了显著的促进作用。然而,相较于基准回归,城市创新绩效对国有企业创新绩效产生了阻碍作用,而对民营企业和外资企业创新绩效产生了促进作用。此外,尽管外商直接投资对国有企业和民营企业创新绩效的提升效果较差,但对外资企业创新绩效产生了显著的促进作用,说明地区对外开放水平对于创新绩效提升仍发挥了重要的作用。

表6.5 不同所有制下科创网络与企业创新绩效的回归结果

变量	国有企业	民营企业	外资企业
自创区	0.002 *** (20.51)	0.004 *** (25.23)	0.006 *** (28.36)
企业规模	0.366 *** (37.56)	0.511 *** (19.20)	0.527 *** (49.40)

表6.5(续)

变量	国有企业	民营企业	外资企业
城市创新绩效	-0.098 *** (-38.24)	0.089 *** (79.99)	0.136 *** (17.90)
城市生产总值	1.088 *** (19.85)	0.143 *** (58.41)	0.556 *** (25.04)
城市规模	0.037 *** (13.63)	0.108 *** (81.59)	-1.077 *** (-87.50)
集聚经济	0.006 ** (2.25)	0.171 *** (14.91)	0.095 *** (82.85)
外商投资水平	-0.182 *** (-12.01)	-0.151 *** (-21.37)	0.218 *** (27.26)
常数项	-12.391 *** (-28.70)	-8.792 *** (-38.36)	-3.77 *** (-52.05)
个体/年份固定效应	控制	控制	控制
行业固定效应	控制	控制	控制
N	8 656	26 423	5 011
R^2	0.32	0.29	0.34

第五节　分析与检验

一、中介机制分析

基准回归结果表明，加入自创区能提升企业创新绩效，但缺乏对其具体影响机制的探讨。因此，本书进一步利用中介效应模型，分别从同群效应、企业 R&D 人员占比和企业 R&D 经费强度三个方面，揭示科创网络对企业创新绩效的影响机制，路径图如图 6.1 和图 6.2 所示。首先，基于研发投资数据，分析科创网络对同群效应的影响；其次，利用中介效应模型分析科创网络和企业 R&D 经费强度对企业创新绩效的综合影响；再次，基于企业 R&D 人员占比数据，分析科创网络对企业 R&D 人员占比的综合影响；最后，利用中介效应模仿分析同群效应、科创网络和企业 R&D 人员占比对企业创新绩效的综合影响。

本书的研究采用 Stata 17 进行中介机制分析，结果见表 6.6。首先，模型 1 表明，加入自创区对企业创新绩效具有显著正向影响（$\beta = 0.003\,96$，$p<0.001$），假设 H1 成立；其次，模型 2 和模型 3 表明，同群效应对企业 R&D 人员占比和企业 R&D 经费强度都具有显著正向影响（$\beta = 0.825$，$p<0.001$）；最后，采用 Baron 和 Kenny（1986）的三步法，对中介效应进行检验：在一系列控制变量、时间固定效应和企业个体固定效应被考虑之后，同群效应和企业 R&D 经费强度正向影响企业创新绩效，验证了假设 H3。在模型 4 中加入企业 R&D 经费强度后，企业 R&D 人员占比的中介效应不显著，但同群效应显著。在模型 5 中加入 R&D 经费强度平方项后，同群效应和企业 R&D 人员占比对企业创新绩效的影响系数显著为正，这表明企业 R&D 人员占比对企业创新绩效的影响是非线性的，从而验证了研究假设 H4。

中介检验表明，自创区科创网络对企业 R&D 经费强度的估计系数显著为正，反映出处于相同科创网络的企业在同群效应的作用下相互学习对方的投资策略并加大研发投资，从而降低搜寻信息的成本并提高自身的市场竞争力。同时，企业 R&D 经费强度对企业创新绩效的估计系数也显著为正，进而反映出企业的创新绩效是随着研发投资的增加而增加的。因此，作为影响企业创新绩效的重要因素，科创网络下的同群效应能通过加大研发资金投入来提升企业创新绩效。科创网络对企业 R&D 人员占比的估计系数也显著为正，表明处于相同科创网络下企业通过共享、匹配和学习等多种机制，提高企业 R&D 人员占比，并为创新活动提供较好的基础。同群效应、企业 R&D 人员占比和企业 R&D 经费强度的平方项对企业创新绩效的系数为正，反映出企业 R&D 人员占比不断提高，企业创新绩效也不断提升，进一步反映出研发人员对企业创新的重要影响，适度的研发投资才能发挥同群效应对企业人员投入与企业创新绩效的正向影响，为企业提供较为充分的资金支持和较好的发展环境。

表 6.6 科创网络下企业创新绩效的影响机制检验

变量	模型 1	模型 2	模型 3	模型 3	模型 4	模型 5
	同群效应	企业 R&D 人员占比	企业 R&D 经费强度	企业创新绩效		
自创区	0.003 96*** (26.64)	—	—	—	—	—

表6.6(续)

变量	模型1	模型2	模型3	模型3	模型4	模型5
	同群效应	企业 R&D 人员占比	企业 R&D 经费强度	企业创新绩效		
同群效应	—	0.825*** (47.20)	0.000 64*** (15.56)	−0.147*** (17.70)	0.997*** (65.34)	0.878*** (43.35)
企业 R&D 人员占比	—	—	—	0.269*** (28.7)	−0.707 (0.486)	0.212*** (27.45)
企业 R&D 经费强度	—	—	—	—	−0.313 (−26.45)	−0.272 (−11.34)
企业 R&D 经费强度 平方项	—	—	—	—	—	0.027*** (20.21)
控制变量	Y	Y	Y	Y	Y	Y
时间	Y	Y	Y	Y	Y	Y
企业	Y	Y	Y	Y	Y	Y
cons	−0.337*** (11.34)	1.800*** (12.56)	0.668*** (25.56)	12.521*** (35.37)	42.418 6*** (18.67)	27.31*** (43.78)

注：*** 表示在 1% 的水平下显著；$N=3\,185$。

二、稳健性检验

为加强模型检验的稳健性，本书的研究使用 Bootstrap 方法检验中介效应。采用偏差校正的非参数百分比 Bootstrap 法可以对中介路径进行检验。非参数百分比 Bootstrap 法是一种无参数抽样技术，它可以用来检验中介路径的有效性，它的假设是存在一个潜在的中介变量，该变量可以调节自变量与因变量之间的关系。非参数百分比 Bootstrap 法可以分析出中介路径的统计量，以支持或拒绝中介路径的假设。它的步骤为：首先，根据自变量和因变量之间的关系，估计中介变量的潜在影响值；其次，将估计的值作为抽样数据，运用重复抽样的方法构建样本，抽取大小为 n 的样本；再次，对抽取的样本进行统计分析，计算中介路径的统计量；最后，对计算得到的统计量进行检验，以支持或拒绝中介路径的假设。Bootstrap 稳健性检验结果如表 6.7 所示。结果表明，企业 R&D 人员占比和 R&D 经费强度的中介效应分别为 0.122（CI = ［0.147，0.321］）和 0.217（CI = ［0.019，0.211］），且置信区间均不包含 0，即中介效应依然成立，再次验证了 H3 和 H4。自创区科创网络的同群效应通过企业 R&D 人员占比和企业 R&D 经费强度对企业创新绩效有正向显著影响，主要原因在于，首先，企业 R&D 人员占比的提高能够为企业带来更多的资本，进而可以使企业的财务情况得到改善，同时也可以提升企业的研发投入能力，并推动企业创新技术的进步；其次，企业 R&D 人员占比的提高也可以改善企业的技术水平，提高企业创新能力，提升企业研发投入和研发经费的使用效率，促进企业创新；最后，企业 R&D 人员占比的提高可以增强企业的市场竞争力，激发企业研发投入的积极性，促进企业对新技术、新产品的投入，从而促进企业创新。政府应重视科创网络同群效应的企业 R&D 人员占比和 R&D 经费强度对企业创新绩效的推动作用。

表 6.7　Bootstrap 稳健性检验

中介路径	系数	置信区间
科创网络同群效应—R&D 人员占比—创新绩效	0.122 *** （11.12）	［0.147，0.321］
科创网络同群效应—R&D 经费强度—创新绩效	0.217 *** （14.36）	［0.019，0.211］

注：*** 表示在 1% 的水平下显著；N = 3 185。

第六节　本章小结

基于上市公司微观数据，本章研究利用零膨胀泊松模型和中介效应模型分析了自创区科创网络对企业创新绩效的影响。在此基础上，通过对数据进行异质性和稳健性检验，使本章研究的结论更加精确和严谨。具体而言，本章的研究结论如下：

第一，在科创网络中，企业间知识溢出更频繁，并且具有同群效应，可以提升企业创新绩效。具体而言，科创网络中的企业通过学习效应、信息共享效应、外部性效应，来促进创新投资相关信息的传播、企业间的交流学习以及企业知识溢出和技术创新，进而提升企业创新绩效。同时，企业规模、城市经济发展水平、城市创新绩效以及集聚经济等因素对企业创新能力的提升发挥了重要的促进作用。

第二，在不同所有制下，自创区科创网络会对企业创新绩效产生积极的促进作用，但影响程度存在一定差异。具体而言，科创网络对外资企业创新绩效的影响效果最强，其次是民营企业，对国有企业的影响最弱。此研究结果表明，政府应该鼓励国有企业与其他企业进行交流与学习，通过增加企业 R&D 经费强度来实现企业创新绩效的提升；为民营企业提供政策支持，消除民营企业创新所面临的制度壁垒，鼓励不同类型企业之间的技术合作，增强民营企业创新的动力，进而提升其创新绩效。

第三，在同群效应的作用下，自创区科创网络不仅显著促进了企业间研发投资，而且通过共享、匹配和学习机制降低企业生产成本，并提高企业 R&D 人员占比，分别通过企业 R&D 经费强度的激励效应和企业 R&D 人员占比的集聚经济效应提升了企业创新绩效。相较于以往研究，本书通过上市公司微观数据深入分析了科创网络中，同群效应对企业创新绩效的影响；在此基础上，引入了企业 R&D 经费强度的激励效应和企业 R&D 人员占比集聚经济效应的中介效应模型，揭示了科创网络具体的作用机制。

通过以上研究，本书提出以下政策建议：

首先，企业研发活动不仅具有知识溢出效应，而且具有行业同群效应。政府相关部门在评价产业政策和实施创新政策（如自创区政策）时，需加大对同群效应的关注，并鼓励企业间相互交流和学习，促进资源与知识的共享，以提高企业创新绩效和行业整体发展水平。

其次，由于自创区具有显著的同群效应，政府应加大对自创区的政策支持力度，深化其体制机制改革，充分发挥自创区的示范带动作用，利用同群效应整合创新资源，着力培育良好的创新创业环境，全面提升科创网络的整体效能，将自创区打造为具有国际影响力和重大引领作用的区域创新中心和创新一体化发展平台。

最后，由于自创区科创网络的同群效应存在企业异质性，政府在建设自创区和实施产业创新政策过程中，需科学利用创新活动的同群效应，注重个体差异性，加大企业所有制改革并完善市场竞争制度。政府应鼓励企业间相互学习，避免对企业生产运营活动的过多介入，发挥企业的自主创新能力，提升企业的创新能力。

第七章　结束语

前六章从宏观（自创区政策）、中观（科创平台目标定位）和微观（自创区科创网络同群效应）三方面对自创区科创网络效应机制进行了全面的理论分析和实证分析，并得出主要研究结论。在此基础上，本章对研究结论进行了梳理，对研究结论所产生的理论意义和现实意义进行了阐述，总结了本书的研究的不足之处，并对下一步的研究提出了展望。

第一节　研究结论

科创网络如何提高创新绩效，一直是学术界的热点问题。企业作为技术创新的微观主体，是推动创新驱动发展战略、促进经济高质量发展的重要力量。面对国内外市场激烈的竞争和经济社会环境的不确定性，企业在制定策略时，除了依靠自己所掌握的知识，还应充分利用科创网络中的各种创新资源，随时注意其他企业的决策趋势，据此进行相应的动态调整，以提升企业的战略制定效率，增强企业的竞争力。

现有文献中，鲜有针对自创区情景下科创网络的相关研究，从集群效应与同群效应的视角分析影响企业群落和企业创新绩效的内在机理机制的研究则更为稀少。因此，本书在扎根理论的编码基础上，挖掘出了影响科创网络绩效机理的关键因素，提出了科创网络建构、科创网络效应及其绩效间作用机制的层次框架，并在扎根研究的基础上，分别开展了科创平台目标定位对科创平台网络协调效应、科创网络对企业群落创新绩效、科创网络对企业创新绩效的研究，最终得到以下结论：

第一，本书的研究经过多轮程序化扎根理论分析方法中的开放性编码、主轴编码和选择性编码工作，根据范畴编码中的逻辑故事线，提炼出12个主范畴。这些主范畴被视为科创网络绩效机理的关键影响因素，分别是"社会逻辑、商业逻辑、数字赋能、转型逻辑、资源集聚、共享效应、学习效应、激励约束、创新绩效、创新能力、产业实践、创新政策"。在主范畴中，进一步归纳出包含更多内容的三个核心范畴，分别为"科创网络建构要素、网络效应要素和科创平台运营要素"。本书不仅归纳出了"科创网络建构要素、网络效应要素和科创平台运营要素"这三个主核心范畴，还提炼出了"建构逻辑、升级逻辑、集群效应、同群效应、创新行为和创新环境"六个核心范畴的下属维度。本书对科创网络研究进行了创新与拓展，首次提出了科创网络建构、科创网络效应及其绩效间作用机制的层次框架结构，从全局视角明晰了科创网络从建构到绩效的作用机制，构建了网络构建要素、网络效应要素、平台运营要素的多层次分析框架，为科创网络的多层次管理提供了实践指导。

第二，科创平台目标定位显著正向影响科创平台网络协调效应，表明科创平台目标定位越清晰，越有利于提升科创平台网络的协调效应。建构逻辑和转型逻辑在科创平台目标定位和科创平台网络协调效应之间存在中介效应机制；市场主导的调节效应通过建构逻辑下的商业逻辑、转型逻辑影响科创平台网络协调效应。政府引导正向调节科创平台目标定位与社会逻辑之间的关系。市场主导和政府引导共同作用下的调节效应通过建构逻辑下的社会逻辑、转型逻辑来提升科创平台网络协调效应。

第三，本书的研究从自创区政策设立的角度，收集整理了我国 283 个地级市 2009—2018 年的面板数据，采用双重差分方法探讨了自创区的设立对企业群落创新绩效的影响及其作用机制。研究结果表明：首先，设立自创区有效促进了企业群落创新绩效的提升，此结论在进行稳健性检验后仍然成立。其次，机制分析发现，自创区通过创新共享效应来实现创新资源的跨区域自由流动，促进了科创资源的共享，即通过创新共享的吸收效应和扩散效应提升了企业群落创新绩效。最后，异质性分析发现，数字化水平较高城市的自创区政策效应显著高于数字化水平中、低的城市；相比其他区域，自创区政策在东部地区的边际效应最大，其次是中部和西部地区；自创区政策在政府服务水平高或是市场化程度高的城市效果较好。

第四，本书通过上市公司微观企业数据深入分析了科创网络中，同群效应对企业创新绩效的影响。在此基础上，利用中介效应模型从企业 R&D 经费强度的激励效应和企业 R&D 人员占比集聚效应揭示了其具体作用机制，从而为理解企业创新战略的制定与落实提供了较为充分的理论依据。

第二节　研究贡献

数字经济发展不仅对企业创新能力提出更高的要求，也革新了企业竞争模式。为提高企业的全球竞争力，在政府创新政策扶持下，企业有意愿加入科创网络，以提升创新绩效为目标，与网络中其他创新主体实现协同共赢。加入科创平台，有利于企业在科创网络组织形态中获取关键创新资源，可以更好地实现创新目标。一方面，要基于科创网络理论，深入了解科创平台目标定位，实现科创平台网络协调效应；另一方面，企业要高度重视科创网络的集群效应，利用集群效应为企业提供源源不断的创新资源。此外，企业必须重视科创平台同群效应，利用同群效应获得创新异质性资源和核心竞争力，提高企业创新质量和创新积极性。因此，本书的研究基于科创网络理论、集聚理论和同群效应理论，深入剖析科创网络对企业创新绩效的影响机制，构建自创区科创网络效应机制理论模型。本书的研究成果主要有以下三个方面的贡献：

第一，本书的研究主要聚焦科创网络，基于科创网络理论、集群效应理论和同群效应理论，将建构逻辑、社会逻辑、转型逻辑、集群效应和同群效应纳入统一框架中，从宏观、中观和微观三个层面揭示了科创网络平台效应的影响机制，为科创网络与企业创新绩效研究提供了新视角。科创平台网络效应是影响企业创新绩效的重要因素（谢家平 等，2021）。不少学者从科创网络紧密度和中心度的视角研究科创网络对企业创新绩效的影响（Shi et al.，2019；Wang et al.，2019）。然而，从学者们对科创网络的研究来看，科创平台内部存在不同维度的建构要素。现有研究忽略了科创平台目标定位这一建构要素，并缺乏探究科创平台目标定位对科创平台网络协调效应的影响。因此，本书的研究基于扎根理论构建了自创区科创网络效应机制理论模型，从科创平台中观层面，结合科创网络建构要素，探究科创平台目标定位对科创网络协调效应的影响机制，从而完善了科创网络理论研究。

第二，本书的研究将集群效应作为科创网络对企业群落创新绩效的关键影响因素，发现企业集群效应对企业创新绩效提升具有中介效应，在丰富集群效应理论机制的基础上，从宏观视角探究自创区政策对企业创新绩效的影响机制，运用多期双重差分的政策评估方法，得出自创区政策有利于促进企业群落创新绩效提升这一结论。许多研究已经肯定自创区对企业创新绩效提升的重要性（孔詠炜 等，2022），但对于企业群落中的企业来说，自创区政策带来创新资源集聚、吸收效应与扩散效应才是企业提高创新资源配置，减少信息技术交易成本的关键。因此本书的研究通过扩展集群效应理论，分别深入剖析自创区政策在资源集聚、吸收效应与扩散效应三方面对企业群落创新绩效产生的影响，打开科创网络到企业群落创新绩效提升的黑箱，为企业创新绩效相关研究提供了具体的作用机制。

第三，本书的研究引入"企业同群效应"变量，在拓展企业同群效应理论的基础上，从微观层面探究企业同群效应对企业创新绩效的影响机制。一方面，有些学者从"资源交换"视角证实，在科创网络中，创新主体之间的知识交互和技术转移能显著提高企业创新绩效（解学梅和左蕾蕾，2013）；另一方面，也有学者从"企业行为"的视角，提出企业行为普遍受到同群效应的影响，如企业资本结构（陆蓉 等，2017）、企业融资决策（Leary et al.，2014）、企业投资决策（Foucault & Fresard，2014）以及企业社会责任（韩沈超和潘家栋，2018）等往往与同行企业的决策存在高度的相关性，特别是企业创新领域。但是，已有的研究只从单一视角探讨企业的创新行为，或是企业创新资源共享对创新能力的影响，忽视了企业的同群效应。

因此，本书的研究在结合第三章科创网络效应要素和同群效应理论的基础上，聚焦企业信息共享效应、学习效应和外部效应三方面的同群效应，运用泊松回归实证分析企业同群效应对创新绩效的影响机制，证实了同群效应对企业 R&D 研发经费强度、R&D 人员占比的中介作用，进一步拓展了科创网络与企业创新绩效的相关研究。

第三节　研究局限

本书的研究仍存在诸多的局限性，主要体现在以下两个方面：

第一，扎根研究的局限性问题。扎根研究中，本书基于三个自创区的300 份政策文件进行了质性分析，未来研究中可以扩展到对 23 个自创区的政策文件进行验证性分析。此外，扎根理论分析中，调研访谈与文本分析是相辅相成、密不可分的，由于经费和精力所限，本书主要对上海张江、北京中关村自创区的高层管理人员进行访谈录音，并对其进行整理与提炼，在访谈时长与区域分布上有局限，在未来的研究中可以扩展访谈深度，以验证研究结论，增强研究的严谨性。

第二，由于企业微观数据获取困难，本书的研究未能充分利用企业的信息共享效应、学习效应全面测度科创网络的同群效应，一定程度上可能影响了结论的严谨性和全面性。未来研究中，可以通过 Python 方法来全面获取微观企业创新绩效影响因素的相关变量，从而提高结论的准确性和科学性。

第四节　未来展望

随着科创网络的建构日益受到重视，关于科创网络对创新绩效提高的研究具有重大的理论和现实意义，值得在此领域进行进一步的探讨。基于此，未来的研究还可以从以下四个方面深入和拓展：

第一，研究样本的选择与收集方面。未来的研究可以针对科创网络内的企业进行追踪调查，收集纵向的时间序列数据，对理论假设进行实证检验。另外，未来的研究可以利用大数据分析技术对科创网络内不同行业、地区以及国家之间的研发投入强度等指标进行分析和预测。

第二，本书虽然研究了科创平台目标定位对科创平台网络协调效应的影响，但是科创平台目标定位通过怎样的运行逻辑产生，需要怎样的协调策略，这些单靠构建概念模型与研究假设是难以进行解释的。随着自创区建设与运营的不断推进，研究者可以通过收集二手数据来进行深入研究，这是未来的研究方向之一。

第三，本书的研究利用中介效应模型从研发资金投入与企业人员投入两方面揭示了其具体作用机制，从而为理解企业创新战略的制定与落实提供了较为充分的证据。未来的研究中可以验证科创网络同群效应的链式中介机制。

第四，科创网络集群效应和同群效应的相互作用关系尚不明确。随着自创区的发展，可获得的数据量会越来越多，未来笔者计划通过二手数据来研究集群效应对同群效应的调节作用。

参考文献

［1］白俊红，刘宇英. 对外直接投资能否改善中国的资源错配［J］. 中国工业经济，2018（1）：60-78.

［2］白俊红，王钺，蒋伏心，等. 研发要素流动、空间知识溢出与经济增长［J］. 经济研究，2017，52（7）：109-123.

［3］北京大学课题组，黄璜. 平台驱动的数字政府：能力、转型与现代化［J］. 电子政务，2020（7）：2-30.

［4］蔡建新，田文颖. 科技创新平台产学研合作对企业双元创新绩效的影响：基于广东省工程技术中心动态评估数据的研究［J］. 科技管理研究，2022，42（11）：102-107.

［5］蔡庆丰，田霖. 产业政策与企业跨行业并购：市场导向还是政策套利［J］. 中国工业经济，2019（1）：81-99.

［6］曹兴，马慧. 新兴技术"多核心"创新网络形成及仿真研究［J］. 科学学研究，2019，37（1）：165-174.

［7］曹玉平. 国家自主创新示范区设立优化了区域创新结构吗：基于合成控制法的实证评估［J］. 管理评论，2023（4）：128-143.

［8］柴泽阳，孔令丞. 开发区企业存在生产率优势吗：基于开发区升格政策的准自然实验［J］. 经济管理，2020，42（10）：59-76.

［9］晁罡，钱晨，陈宏辉，等. 传统文化践履型企业的多边交换行为研究［J］. 中国工业经济，2019（6）：173-192.

［10］陈春花，梅亮，尹俊. 数字化情境下组织价值主张的识别与开发：基于企业微信的案例研究［J］. 管理评论，2021，33（1）：330-339.

［11］陈剑，黄朔，刘运辉. 从赋能到使能：数字化环境下的企业运营管理［J］. 管理世界，2020，36（2）：117-128，222.

［12］陈金丹，吉敏. 基于多 Agent 的产业创新网络演化模型研究［J］. 统计与决策，2013（20）：45-48.

［13］陈劲，陈钰芬.企业技术创新绩效评价指标体系研究［J］.科学学与科学技术管理，2006（3）：86-91.

［14］陈劲，阳银娟.协同创新的理论基础与内涵［J］.科学学研究，2012，30（2）：161-164.

［15］陈钊，熊瑞祥.比较优势与产业政策效果：来自出口加工区准实验的证据［J］.管理世界，2015（8）：67-80.

［16］戴德宝，周丹，范体军.农业供应链金融的减贫效应及传导机制研究［J］.统计与决策，2022，38（14）：60-64.

［17］戴海闻，曾德明，张运生.标准联盟组合嵌入性社会资本对企业创新绩效的影响研究［J］.研究与发展管理，2017，29（2）：93-101.

［18］戴翔，韩剑，张二震.集聚优势与中国企业"走出去"［J］.中国工业经济，2013（2）：117-129.

［19］段思齐，石桂峰，米高倩.地区同伴效应与银行借款融资：基于我国 A 股上市公司的实证分析［J］.上海管理科学，2017，39（6）：19-24.

［20］樊治平，孙永洪.知识共享研究综述［J］.管理学报，2006（3）：371-378.

［21］方军雄.企业投资决策趋同：羊群效应抑或"潮涌现象"？［J］.财经研究，2012，38（11）：92-102.

［22］方正起，黄达.基于资源调控理论的军民科技协同创新平台建设研究［J］.科技进步与对策，2019，36（10）：124-129.

［23］冯戈坚，王建琼.企业创新活动的社会网络同群效应［J］.管理学报，2019，16（12）：1809-1819.

［24］傅首清.区域创新网络与科技产业生态环境互动机制研究：以中关村海淀科技园区为例［J］.管理世界，2010（6）：8-13.

［25］高航，丁荣贵.工业技术研究院协同创新平台与创新绩效关系研究［J］.科技进步与对策，2014，31（24）：1-5.

［26］高艳艳，覃鹭.中小企业研发投资、成长性与企业绩效［J］.商业会计，2021（12）：56-59.

［27］辜胜阻，马军伟.推进国家自主创新示范区建设的政策安排［J］.财政研究，2010（11）：2-6.

［28］辜胜阻，王敏.国家创新示范区的功能定位与制度安排［J］.中

国科技论坛，2011（9）：92-97.

[29] 顾新，李久平，王维成. 知识流动、知识链与知识链管理 [J].
软科学，2006（2）：10-12，16.

[30] 郭丰，杨上广，柴泽阳. 创新型城市建设实现了企业创新的"增
量提质"吗：来自中国工业企业的微观证据 [J]. 产业经济研究，2021
（3）：128-142.

[31] 郭莉，程田源. 同群效应促进企业绿色创新吗：基于绩效期望差
距的中介效应检验 [J]. 科技管理研究，2022，42（10）：71-80.

[32] 郭戎，薛薇，张俊芳，等. 国家自主创新示范区科技创新政策评
价研究 [J]. 科技创新导报，2014，11（15）：6-9.

[33] 韩璐，陈松，梁玲玲. 数字经济，创新环境与城市创新能力 [J].
科研管理，2021，42（4）：35.

[34] 韩沈超，潘家栋. 企业社会责任表现存在同群效应吗 [J]. 财会
月刊，2018（19）：25-33.

[35] 何眉. 国家自主创新示范区建设：战略定位、典型特征与路径选
择 [J]. 财会研究，2023，559（1）：71-80.

[36] 贺灵，单汨源，邱建华. 创新网络要素及其协同对科技创新绩效
的影响研究 [J]. 管理评论，2012，24（8）：58-68.

[37] 洪晓军. 创新平台的概念甄别与构建策略 [J]. 科技进步与对
策，2008（7）：7-9.

[38] 胡保亮，方刚. 网络位置，知识搜索与创新绩效的关系研究：基
于全球制造网络与本地集群网络集成的观点 [J]. 科研管理，2013，34
（11）：18-26.

[39] 胡凯，吴清，胡毓敏. 知识产权保护的技术创新效应：基于技术
交易市场视角和省级面板数据的实证分析 [J]. 财经研究，2012，38（8）：
15-25.

[40] 华中生. 网络环境下的平台服务及其管理问题 [J]. 管理科学学
报，2013，16（12）：1-12.

[41] 黄凯南，乔元波. 产业技术与制度的共同演化分析：基于多主体
的学习过程 [J]. 经济研究，2018，53（12）：161-176.

[42] 黄林. 集群社会资本、集群知识创新平台与集群企业创新绩效
[J]. 经济体制改革，2014（6）：178-182.

[43] 黄宁生. 加强科技创新平台建设提升广东自主创新能力 [J]. 广东科技, 2005 (10): 101-102.

[44] 黄蒿丹. 环境动态性、创新能力与创新产品市场绩效 [J]. 财会通讯, 2020 (8): 56-59.

[45] 黄攸立, 陈如琳. 企业创新绩效影响因素的研究综述 [J]. 北京邮电大学学报 (社会科学版), 2010, 12 (4): 71-77.

[46] 贾哲敏. 扎根理论在公共管理研究中的应用: 方法与实践 [J]. 中国行政管理, 2015 (3): 90-95.

[47] 焦媛媛, 李智慧. 同侪影响的内涵、产生机理及其在管理学中的研究展望: 基于社交网络情境 [J]. 南开管理评论, 2020, 23 (1): 213-224.

[48] 靳代平, 王新新, 姚鹏. 品牌粉丝因何而狂热: 基于内部人视角的扎根研究 [J]. 管理世界, 2016 (9): 102-119.

[49] 孔誄炜, 梁玲, 石明虹, 等. 科创平台绩效机理研究: 网络嵌入视角 [J]. 上海对外经贸大学学报, 2022, 29 (1): 96-108.

[50] 孔令丞, 柴泽阳. 省级开发区升格改善了城市经济效率吗: 来自异质性开发区的准实验证据 [J]. 管理世界, 2021, 37 (1): 60-75, 5.

[51] 孔令丞, 许建红, 刘鲁浩, 等. 科创网络推动区域创新的作用机理及实证分析: 来自省级面板数据的证据 [J]. 上海经济研究, 2019 (4): 43-54.

[52] 寇宗来, 刘学悦. 中国城市和产业创新力报告 [R]. 复旦大学产业研究发展研究中心, 2017.

[53] 黎文靖, 郑曼妮. 实质性创新还是策略性创新: 宏观产业政策对微观企业创新的影响 [J]. 经济研究, 2016, 51 (4): 60-73.

[54] 李柏洲, 王雪, 薛璐绮, 等. 战略性新兴产业创新网络形成机理研究 [J]. 科研管理, 2022, 43 (3): 173-182.

[55] 李贵, 吴利华. 开发区设立与企业成长: 异质性与机制研究 [J]. 中国工业经济, 2018 (4): 79-97.

[56] 李春涛, 宋敏. 中国制造业企业的创新活动: 所有制和 CEO 激励的作用 [J]. 经济研究, 2010, 45 (5): 55-67.

[57] 李佳, 王宏起, 李玥, 等. 大数据时代区域创新服务平台间科技资源共享行为的演化博弈研究 [J]. 情报科学, 2018, 36 (1): 38-44.

[58] 李立, 杨放春. 融合网格的 NGN 增值服务平台及建模分析 [J]. 电子与信息学报, 2007 (11): 2545-2548.

[59] 李玲, 党兴华, 贾卫峰. 网络嵌入性对知识有效获取的影响研究 [J]. 科学学与科学技术管理, 2008, 29 (12): 97-100, 140.

[60] 李秋梅, 梁权熙. 企业"脱实向虚"如何传染: 基于同群效应的视角 [J]. 财经研究, 2020, 46 (8): 140-155.

[61] 李淑娟. 基于知识价值链的装备制造企业知识管理模式研究 [D]. 哈尔滨: 哈尔滨理工大学, 2015.

[62] 李维安, 林润辉, 范建红. 网络治理研究前治与述评 [J]. 天津: 南开管理评论, 2014 (17): 42-53.

[63] 李胃胜, 陈杰, 陈志祥. 多重随机环境下跨国采购和定价联合决策模型 [J]. 中国管理科学, 2022, 30 (6): 45-55.

[64] 李雯, 解佳龙. 创新集聚效应下的网络惯例建立与创业资源获取 [J]. 科学学研究, 2017, 35 (12): 1864-1874.

[65] 李翔, 邓峰. 科技创新、产业结构升级与经济增长 [J]. 科研管理, 2019, 40 (3): 84-93.

[66] 李瑛玫, 史琦. 内部控制能够促进企业创新绩效的提高吗? [J]. 科研管理, 2019, 40 (6): 86-99.

[67] 李永周, 权德衡, 吴礼雄. 基于创新人才网络嵌入的高校协同创新绩效评价 [J]. 科技管理研究, 2018, 38 (21): 99-106.

[68] 李永周, 高楠鑫, 易倩, 等. 创新网络嵌入与高技术企业研发人员创新绩效关系研究 [J]. 管理科学, 2018, 31 (2): 3-19.

[69] 李媛媛, 陈文静, 王辉. 科技金融政策、资金网络与企业创新绩效: 基于潜在狄利克雷分布模型 [J]. 科技管理研究, 2022, 42 (6): 28-35.

[70] 李正卫. 影响中小企业研发合作的因素研究: 浙江嘉兴的实证分析 [J]. 浙江工业大学学报 (社会科学版), 2016, 15 (2): 174-180.

[71] 梁海山, 王海军. 网络化下开放式创新平台构建策略: 基于模块化视角 [J]. 科技管理研究, 2018, 38 (21): 11-17.

[72] 梁琦, 詹亦军. 产业集聚、技术进步和产业升级: 来自长三角的证据 [J]. 产业经济评论, 2005, 4 (2): 50-69.

[73] 梁向东, 阳柳. 国家自主创新示范区创新驱动效率测度及政策评

价［J］. 中国软科学, 2021（7）: 131-142.

［74］林毅夫. 新结构经济学的理论基础和发展方向［J］. 经济评论, 2017（3）: 4-16.

［75］刘静, 王克敏. 同群效应与公司研发: 来自中国的证据［J］. 经济理论与经济管理, 2018（1）: 21-32.

［76］刘娟, 谢家平. 企业群落生态文化建设研究［J］. 科技进步与对策, 2009, 26（20）: 70-73.

［77］刘思萌, 吕扬. 创业企业的网络嵌入性、知识整合和创新绩效的影响研究［J］. 科技管理研究, 2019, 39（24）: 85-90.

［78］刘学元, 丁雯婧, 赵先德. 企业创新网络中关系强度、吸收能力与创新绩效的关系研究［J］. 南开管理评论, 2016, 19（1）: 30-42.

［79］刘洋, 董久钰, 魏江. 数字创新管理: 理论框架与未来研究［J］. 管理世界, 2020, 36（7）: 198-217, 219.

［80］刘洋. 科技资源整合对企业创新绩效影响机制实证研究［J］. 科学管理研究, 2016, 34（6）: 85-88.

［81］刘志阳, 林嵩, 邢小强. 数字创新创业: 研究新范式与新进展［J］. 研究与发展管理, 2021, 33（1）: 1-11.

［82］柳卸林, 魏江, 陈劲, 等. 实施创新驱动发展战略加快推动我国现代化建设: 研究阐释党的十九届五中全会精神笔谈［J］. 经济管理, 2021, 43（1）: 5-17.

［83］龙静. 创业关系网络与新创企业绩效: 基于创业发展阶段的分析［J］. 经济管理, 2016, 38（5）: 40-50.

［84］卢金荣, 郭东强. 知识管理热点问题研究综述［J］. 科技管理研究, 2008（1）: 190-192.

［85］鲁若愚, 周阳, 丁奕文, 等. 企业创新网络: 溯源、演化与研究展望［J］. 管理世界, 2021, 37（1）: 217-233.

［86］陆蓉, 王策, 邓鸣茂. 我国上市公司资本结构"同群效应"研究［J］. 经济管理, 2017, 39（1）: 181-194.

［87］路琳, 梁学玲. 知识共享在人际互动与创新之间的中介作用研究［J］. 南开管理评论, 2009（1）: 118-123.

［88］罗福凯, 李启佳, 庞廷云. 企业研发投入的"同侪效应"检验［J］. 产业经济研究, 2018（6）: 10-21.

[89] 罗巍, 张阳, 唐震. 基于协同创新的欧盟创新驿站平台机制研究 [J]. 科技管理研究, 2015, 35 (23): 10-14.

[90] 马宁. 产学研创新体系中的核心企业研发配套模式分析 [J]. 科技与经济, 2006 (1): 8-10, 64.

[91] 马宗国, 王旭. 政府创新补贴能促进国家自主创新示范区产业转型升级吗: 技术创新强度的中介效应 [J]. 科技进步与对策, 2023, 40 (14): 31-39.

[92] 彭英, 陆纪任, 闻家梁. 网络嵌入对企业创新绩效的影响: 兼论吸收能力的中介效应 [J]. 科学与管理, 2022, 42 (4): 9-15.

[93] 彭镇, 彭祖群, 卢惠薇. 中国上市公司慈善捐赠行为中的同群效应研究 [J]. 管理学报, 2020, 17 (2): 259-268.

[94] 戚聿东, 肖旭. 新基建, 新引擎: 产业动能转换与企业管理创新 [J]. 清华管理评论, 2020 (9): 74-83.

[95] 瞿孙平, 石宏伟, 俞林, 等. 知识搜索、吸收能力与企业创新绩效: 环境不确定性的调节作用 [J]. 情报杂志, 2016, 35 (8): 185-191.

[96] 任洪源, 刘刚, 罗永泰. 知识资源、研发投入与企业跨境创新绩效关系研究: 基于面板数据门限回归的实证分析 [J]. 管理评论, 2017, 29 (1): 105-113.

[97] 任胜钢. 企业网络能力结构的测评及其对企业创新绩效的影响机制研究 [J]. 南开管理评论, 2010 (1): 69-80.

[98] 阮娴静. 研发组织战略背景下合作伙伴与创新绩效关系研究 [J]. 技术经济与管理研究, 2018 (11): 37-41.

[99] 盛科荣, 张杰, 张红霞. 上市公司 500 强企业网络嵌入对中国城市经济增长的影响 [J]. 地理学报, 2021, 76 (4): 818-834.

[100] 石乘齐. 基于组织间依赖的创新网络演化模型及仿真研究 [J]. 管理工程学报, 2019, 33 (1): 12-22.

[101] 司江伟, 徐小峰. 企业研发人员创新绩效评价研究述评及展望: 多维度个体评价研究的新进展 [J]. 中国科技论坛, 2011 (4): 128-134.

[102] 宋广蕊, 马春爱, 肖榕. 同群效应下企业创新投资行为传递路径研究 [J]. 科研管理, 2021, 42 (7): 179-188.

[103] 苏朝晖, 苏梅青. 科技创新平台服务质量评价: 对福州、厦门、泉州三地的实证研究 [J]. 科技进步与对策, 2015, 32 (4): 92-99.

[104] 苏跃增, 徐剑波. 高校科技创新平台建设的几个问题 [J]. 教育发展研究, 2006 (23): 39-41.

[105] 孙红军, 王胜光. 创新创业平台对国家高新区全要素生产率增长的作用研究: 来自 2012—2017 年 88 个国家高新区关系数据的证据 [J]. 科学学与科学技术管理, 2020, 41 (1): 83-98.

[106] 孙红军, 熊焰, 高文雯. 新兴政产学研协同创新的演化过程: 以东方美谷为例 [J]. 管理案例研究与评论, 2021, 14 (5): 464-474.

[107] 孙林杰, 丁瑞文, 王佳梅, 等. 基于创新网络的民营企业创新能力提升路径研究 [J]. 科学学研究, 2017, 35 (10): 1587-1593.

[108] 孙瑜辰. "近朱者赤": 论绩效反馈与企业创新投入的"同伴效应" [J]. 商业经济研究, 2018 (14): 117-119.

[109] 孙早, 韩颖. 外商直接投资、地区差异与自主创新能力提升 [J]. 经济与管理研究, 2018, 39 (11): 92-106.

[110] 谭静, 张建华. 国家高新区推动城市全要素生产率增长了吗: 基于 277 个城市的"准自然实验"分析 [J]. 经济与管理研究, 2018, 39 (9): 75-90.

[111] 谭小芬, 钱佳琪. 资本市场压力与企业策略性专利行为: 卖空机制的视角 [J]. 中国工业经济, 2020 (5): 156-173.

[112] 唐承丽, 郭夏爽, 周国华, 等. 长江中游城市群创新平台空间分布及其影响因素分析 [J]. 地理科学进展, 2020, 39 (4): 531-541.

[113] 唐未兵, 傅元海, 王展祥. 技术创新、技术引进与经济增长方式转变 [J]. 经济研究, 2014, 49 (7): 31-43.

[114] 陶锐. 基于知识增值过程的企业知识价值链研究 [J]. 科学决策, 2009 (5): 45-50.

[115] 田志龙, 陈丽玲, Taieb Hafsi, 等. 我国四级政府创新政策体系下的企业响应策略与行动: 基于扎根理论的多案例研究 [J]. 管理评论, 2021, 33 (12): 87-99.

[116] 涂振洲, 顾新. 基于知识流动的产学研协同创新过程研究 [J]. 科学学研究, 2013, 31 (9): 1381-1390.

[117] 宛群超, 袁凌, 谭志红. 科技人才集聚、市场竞争及其交互作用对高技术产业创新绩效的影响 [J]. 软科学, 2021, 35 (11): 7-12.

[118] 万良勇, 梁婵娟, 饶静. 上市公司并购决策的行业同群效应研

究［J］．南开管理评论，2016，19（3）：40-50.

［119］万幼清，王云云．产业集群协同创新的企业竞合关系研究［J］．管理世界，2014（8）：175.

［120］汪旭晖，张其林．平台型电商声誉的构建：平台企业和平台卖家价值共创视角［J］．中国工业经济，2017，34（11）：174-192.

［121］王大洲．企业创新网络的进化与治理：一个文献综述［J］．科研管理，2001（5）：96-103.

［122］王稼琼，绳丽惠，陈鹏飞．区域创新体系的功能与特征分析［J］．中国软科学，1999（2）：54-56，64.

［123］王景利．论现代市场经济下创新的内涵、特征、因素及实现［J］．金融理论与教学，2022（3）：83-85，116.

［124］王雷，党兴华．R&D经费支出、风险投资与高新技术产业发展：基于典型相关分析的中国数据实证研究［J］．研究与发展管理，2008（4）：13-19.

［125］王丽梅．高校间协同创新网络形成机理与合作模式研究［D］．北京：北京工业大学，2018.

［126］王丽平，何亚蓉．互补性资源、交互能力与合作创新绩效［J］．科学学研究，2016，34（1）：132-141.

［127］王玲杰，王元亮，彭俊杰，等．推动国家自主创新示范区高质量发展［J］．区域经济评论，2018（5）：58-68.

［128］王双．国家自主创新示范区演进轨迹与展望［J］．改革，2017（5）：82-94.

［129］王为溶，林军．创业导向与企业创新绩效关系研究：基于冗余资源的调节作用［J］．生产力研究，2021（3）：119-126，161.

［130］王雯．中国企业研发投资同群效应研究［D］．上海：华东师范大学，2019.

［131］王小鲁，樊纲，余静文．中国分省份市场化指数报告（2016年）［M］．北京：社会科学文献出版社，2017.

［132］王新华，车珍，于灏，等．网络嵌入、多途径知识集聚与创新力：知识流耦合的调节作用［J］．南开管理评论，2019，22（3）：28-39.

［133］王雪原，王宏起．区域创新平台网络特性，服务效果与企业创新绩效的关系研究［J］．科学学与科学技术管理，2013，34（5）：80-88.

［134］王营，曹廷求. 企业金融化的传染效应研究［J］. 财经研究，2020，46（12）：152-166.

［135］王永进，张国峰. 开发区生产率优势的来源：集聚效应还是选择效应？［J］. 经济研究，2016，51（7）：58-71.

［136］王永伟，马洁，吴湘繁，等. 变革型领导行为、组织学习倾向与组织惯例更新的关系研究［J］. 管理世界，2012（9）：110-119.

［137］卫栋，陈伟. 国家自主创新示范区高质量发展的问题与重要举措［J］. 科学管理研究，2020，38（1）：2-7.

［138］魏江，徐蕾. 知识网络双重嵌入，知识整合与集群企业创新能力［J］. 管理科学学报，2014，17（2）：34-47.

［139］文金艳，曾德明，徐露允，等. 结构洞、网络多样性与企业技术标准化能力［J］. 科研管理，2020，41（12）：195-203.

［140］吴绍波，顾新. 知识链组织之间合作与冲突的稳定性结构研究［J］. 南开管理评论，2009，12（3）：54-58，66.

［141］吴松强，苏思骐，沈忠芹，等. 产业集群网络关系特征对产品创新绩效的影响：环境不确定性的调节效应［J］. 外国经济与管理，2017，39（5）：46-57，72.

［142］吴卫红，蔡海波，冯兴奎，等. 企业绿色技术创新的同群效应及诱发机理［J］. 科技管理研究，2022，42（16）：197-203.

［143］吴晓波，陈颖. 基于吸收能力的研发模式选择的实证研究［J］. 科学学研究，2010，28（11）：1722-1730.

［144］吴悦，顾新. 产学研协同创新的知识协同过程研究［J］. 中国科技论坛，2012（10）：17-23.

［145］吴芸. 政府科技投入对科技创新的影响研究：基于 40 个国家 1982—2010 年面板数据的实证检验［J］. 科学学与科学技术管理，2014，35（1）：16-22.

［146］项云帆. 研发强度对上市公司市场价值的门槛效应［J］. 科技进步与对策，2015，32（11）：83-86.

［147］肖红军，李平. 平台型企业社会责任的生态化治理［J］. 管理世界，2019，35（4）：120-144，196.

［148］解佳龙，胡树华. 国家自主创新示范区"四力"甄选体系与应用［J］. 科学学研究，2013，31（9）：1412-1421.

[149] 解佳龙. 国家高新区转型发展基础评价体系设计与应用 [J]. 经济体制改革, 2019 (2)：46-53.

[150] 解学梅, 左蕾蕾. 企业协同创新网络特征与创新绩效：基于知识吸收能力的中介效应研究 [J]. 南开管理评论, 2013, 16 (3)：47-56.

[151] 解学梅. 中小企业协同创新网络与创新绩效的实证研究 [J]. 管理科学学报, 2010, 13 (8)：51-64.

[152] 谢富胜, 匡晓璐. 制造业企业扩大金融活动能够提升利润率吗：以中国 A 股上市制造业企业为例 [J]. 管理世界, 2020, 36 (12)：13-28.

[153] 谢家平, 孔詠炜, 张为四. 科创平台的网络特征、运行治理与发展策略：以中关村、张江园科技创新实践为例 [J]. 经济管理, 2017 (5)：36-49.

[154] 谢家平, 孔詠炜, 梁玲, 等. 自主创新的科创平台治理因素机理：扎根理论质性研究 [J]. 上海财经大学学报, 2019, 21 (6)：64-81.

[155] 谢家平, 梁玲, 龚海涛. 物联网环境下面向客户价值的商业模式变革 [J]. 经济管理, 2015, 37 (11)：188-199.

[156] 谢家平, 夏宇, 梁玲. 科研设备共享平台的配套服务水平决策 [J]. 运筹与管理, 2021, 30 (3)：65-70.

[157] 谢家平. 以高质量绿色发展助力国内"大循环"主体格局 [J]. 人民论坛·学术前沿, 2021 (5)：72-77.

[158] 许宪春, 张美慧. 中国数字经济规模测算研究：基于国际比较的视角 [J]. 中国工业经济, 2020 (5)：23-41.

[159] 晏艳阳, 严瑾. 国家自主创新示范区建设对企业创新的影响研究 [J]. 软科学, 2019, 33 (6)：30-36.

[160] 杨博旭, 王玉荣, 李兴光. "厚此薄彼"还是"雨露均沾"：组织如何有效利用网络嵌入资源提高创新绩效 [J]. 南开管理评论, 2019, 22 (3)：201-213.

[161] 杨国枢. 社会及行为科学研究法 [M]. 重庆：重庆大学出版社, 2006.

[162] 杨行, 彭洁, 赵伟. 2002—2012 年国内科技资源共享研究综述 [J]. 情报科学, 2015, 33 (1)：155-161.

[163] 杨震宁, 赵红. 中国企业的开放式创新：制度环境、"竞合"关

系与创新绩效 [J]. 管理世界, 2020, 36 (2): 139-160.

[164] 易靖韬, 张修平, 王化成. 企业异质性、高管过度自信与企业创新绩效 [J]. 南开管理评论, 2015, 18 (6): 101-112.

[165] 于贵芳, 温珂. 公共政策视角下的组织行为研究理论综述 [J]. 科学学研究, 2020, 38 (5): 895-903.

[166] 于海云, 赵增耀, 李晓钟. 民营企业创新绩效影响因素研究: 企业家信心的研究视角 [J]. 科研管理, 2013, 34 (9): 97-104.

[167] 于旭, 郑子龙. 新创知识型组织的知识集聚机理研究 [J]. 情报理论与实践, 2017, 40 (11): 62-66.

[168] 余良如, 冯奕程, 冯立杰, 等. 国内企业知识管理研究结构、脉络与热点探究 [J]. 情报科学, 2020, 38 (12): 163-169.

[169] 余维新, 顾新, 彭双. 企业创新网络: 演化、风险及关系治理 [J]. 科技进步与对策, 2016, 33 (8): 81-85.

[170] 俞颖, 苏慧琨, 李勇. 区域金融差异演进路径与机理 [J]. 中国工业经济, 2017 (4): 74-93.

[171] 郁义鸿. 论知识管理的内涵 [J]. 商业经济与管理, 2003 (1): 4-7.

[172] 原东良, 李建莹, 尚铎. 企业创新投资的城市同群效应研究 [J]. 审计与经济研究, 2022, 37 (2): 116-127.

[173] 岳振明, 赵树宽. 国外创新网络研究回顾与展望 [J]. 科技管理研究, 2020, 40 (21): 31-45.

[174] 臧新, 李菡. 垂直专业化与产业集聚的互动关系: 基于中国制造行业样本的实证研究 [J]. 中国工业经济, 2011 (8): 57-67.

[175] 张方华. 网络嵌入影响企业创新绩效的概念模型与实证分析 [J]. 中国工业经济, 2010 (4): 110-119.

[176] 张钢, 王宇峰. 知识集聚与不确定环境下技术创新的影响机制 [J]. 科学学研究, 2011, 29 (12): 1895-1905.

[177] 张钢, 王宇峰. 知识集聚与区域创新: 一个对我国 30 个地区的实证研究 [J]. 科学学研究, 2010, 28 (3): 449-458.

[178] 张国胜, 杜鹏飞. 数字化转型对我国企业技术创新的影响: 增量还是提质? [J]. 经济管理, 2022, 44 (6): 82-96.

[179] 张杰, 高德步, 夏胤磊. 专利能否促进中国经济增长: 基于中

国专利资助政策视角的一个解释［J］.中国工业经济，2016（1）：83-98.

［180］张洁.企业研发投入、资源特征与创新绩效关系研究：组织"行为—特征"匹配视角［J］.科技进步与对策，2018，35（2）：82-89.

［181］张敬伟.扎根理论研究法在管理学研究中的应用［J］.科技管理研究，2010，30（1）：235-237.

［182］张满银，温世辉，韩大海.基于官产学研合作的区域创新系统效率评价［J］.科技进步与对策，2011，28（11）：130-133.

［183］张青.资源型企业群落脆弱性形成机理及其治理模式研究［J］.管理世界，2011（1）：172-173.

［184］张秋燕，齐亚伟.地区规模、集聚外部性与区域创新能力：对中国工业行业的门槛效应检验［J］.科技进步与对策，2016，33（8）：35-40.

［185］张威奕.定位把握、建设方略与国家自主创新示范区取向［J］.改革，2016（11）：53-64.

［186］张先治，柳志南.公司战略、产权性质与风险承担［J］.中南财经政法大学学报，2017（5）：23-31，159.

［187］张晓东，霍国庆.基于扎根理论的科研组织发展模式研究［J］.科技进步与对策.2015（15）：7-13.

［188］张悦，梁巧转，范培华.网络嵌入性与创新绩效的Meta分析［J］.科研管理，2016，37（11）：80-88.

［189］张正，孟庆春.技术创新、网络效应对供应链价值创造影响研究［J］.软科学，2017，31（12）：10-15.

［190］章元，程郁，佘国满.政府补贴能否促进高新技术企业的自主创新：来自中关村的证据［J］.金融研究，2018（10）：123-140.

［191］赵波，蔡特金，张志华，等.企业协同创新网络、资源整合与创新绩效的关系研究：基于160家物联网企业的调查数据［J］.科学与管理，2019，39（1）：19-26.

［192］赵红，杨震宁.环境不确定性，研发管理与技术创新绩效间关系的实证分析［J］.技术经济，2017，36（8）：9-17.

［193］赵婧，杨宁霞.企业投资行为同群效应研究［J］.商场现代化，2022（18）：64-66.

［194］赵颖.中国上市公司高管薪酬的同群效应分析［J］.中国工业

经济，2016（2）：114-129.

[195] 郑春美，李佩. 政府补助与税收优惠对企业创新绩效的影响：基于创业板高新技术企业的实证研究 [J]. 科技进步与对策，2015，32（16）：83-87.

[196] 支军，王忠辉. 自主创新能力测度理论与评估指标体系构建 [J]. 管理世界，2007（5）：168-169.

[197] 周洪宇. 国家自主创新示范区创新能力比较研究：以北京中关村、武汉东湖、上海张江为例 [J]. 科技进步与对策，2015，32（22）：34-39.

[198] 周驷华，万国华. 电子商务对制造企业供应链绩效的影响：基于信息整合视角的实证研究 [J]. 管理评论，2017，29（1）：199-210.

[199] 周晓阳，王钰云. 产学研协同创新绩效评价文献综述 [J]. 科技管理研究，2014，34（11）：45-49.

[200] 周阳敏，桑乾坤. 国家自创区产业集群协同高质量创新模式与路径研究 [J]. 科技进步与对策，2020，37（2）：59-65.

[201] 周阳敏，王前前. 国家自创区政策效应、产业结构合理化与高级化实证研究 [J]. 中国科技论坛，2020（12）：41-53.

[202] 曾昆. 国外科技创新平台建设经验综述 [J]. 中国工业评论，2017（12）：5.

[203] 查成伟，陈万明，唐朝永，等. 高技术产业科技人才聚集效应与技术创新协同研究 [J]. 科技进步与对策，2015，32（1）：147-152.

[204] 朱武祥，张平，李鹏飞，等. 疫情冲击下中小微企业困境与政策效率提升：基于两次全国问卷调查的分析 [J]. 管理世界，2020，36（4）：13-26.

[205] 朱艳丽，陆雪艳，林志帆. 中国企业研发决策同群效应的空间计量分析 [J]. 科技进步与对策，2021，38（18）：104-113.

[206] 朱长宁. 建立科技创新资源开放共享制度研究 [J]. 科学管理研究，2015（3）：21-24.

[207] ALDER S, LIN S, FABRIZIO Z. Economic reforms and industrial policy in a panel of Chinese cities [J]. Journal of Economic Growth, 2016, 21 (4): 305-349.

[208] ALLEN W D. Social networks and self-employment [J]. The Jour-

nal of socio-economics, 2000, 29 (5): 487-501.

[209] ANDERSEN K V. The problem of embeddedness revisited: collaboration and market types [J]. Research Policy, 2013, 42 (1): 139-148.

[210] ANGELES M. ORTIZ - DE - URBINA - CRIADO, E. MORA - VALENTÍN. Effects of knowledge spillovers on innovation and collaboration in science and technology parks [J]. Journal of Knowledge Management, 2011, 15 (6): 948-970.

[211] ASHEIM B T, COENEN L. Knowledge bases and regional innovation system: comparing nordic clusters [J]. Research Policy, 2005, 34 (8): 1173-1190.

[212] ATUAHENE - GIMA K, KO A. An empirical investigation of the effect of market orientation and entrepreneurship orientation alignment on product innovation [J]. Organization Science, 2001, 12 (1): 54-74.

[213] AUTIO E, LAAMANEN T. Measurement and evaluation of technology transfer: review of technology transfer mechanisms and indicators [J]. International Journal of Technology Management, 1995, 10 (7-8): 643-664.

[214] AZAM M F, WAGNON P, VINCENT C, et al. Processes governing the mass balance of Chhota Shigri Glacier (western Himalaya, India) assessed by point - scale surface energy balance measurements [J]. The Cryosphere, 2014, 8 (6): 2195-2217.

[215] BALA V, GOYAL S. Learning from neighbours [J]. The review of economic studies, 1998, 65 (3): 595-621.

[216] BANDIERA O, RASUL I. Social networks and technology adoption in northern Mozambique [J]. The Economic Journal, 2006, 116 (514): 869-902.

[217] Banerjee A V. A simple model of herd behavior [J]. The Quarterly Journal of Economics, 1992, 107 (3): 797-817.

[218] BATTERINK M H, WUBBEN E F M, KLERKX L, et al. Orchestrating innovation networks: the case of innovation brokers in the agri-food sector [J]. Entrepreneurship and Regional Development, 2010, 22 (1): 47-76.

[219] BECK T, LEVINE R, LEVKOV A. Big bad banks? The winners and losers from bank deregulation in the United States [J]. The Journal of Fi-

nance, 2010, 65 (5): 1637-1667.

[220] BENA J, LI K. Corporate innovations and mergers and acquisitions [J]. The Journal of Finance, 2014, 69 (5): 1923-1960.

[221] BHATTARAI C R, KWONG C C Y, TASAVORI M. Market orientation, market disruptiveness capability and social enterprise performance: an empirical study from the United Kingdom [J]. Journal of Business Research, 2019 (96): 47-60.

[222] BINZ C, TRUFFER B. Global Innovation Systems: a conceptual framework for innovation dynamics in transnational contexts [J]. Research Policy, 2017, 46 (7): 1284-1298.

[223] BIZJAK J M, LEMMON M L, NAVEEN L. Does the use of peer groups contribute to higher pay and less efficient compensation? [J]. Journal of Financial Economics, 2008, 90 (2): 152-168.

[224] BLIND K, GRUPP H. Interdependencies between the science and technology infrastructure and innovation activities in German regions: empirical findings and policy consequences [J]. Research Policy, 1999, 28 (5): 451-468.

[225] BONINA C, KOSKINEN K, EATON B, et al. Digital platforms for development: foundations and research agenda [J]. Information Systems Journal, 2021, 31 (6): 869-902.

[226] BOUDREAU K J, JEPPESEN L B. Unpaid crowd complementors: the platform network effect mirage [J]. Strategic Management Journal, 2015, 36 (12): 1761-1777.

[227] BOXU Y, XINGGUANG L, KOU K. Research on the influence of network embeddedness on innovation performance: evidence from China's listed firms [J]. Journal of Innovation & Knowledge, 2022, 7 (3): 100210.

[228] BROOKS B A. The strength of weak ties [J]. Nurse Leader, 2019, 17 (2): 90-92.

[229] BURT R S, KILDUFF M, TASSELLI S. Social network analysis: foundations and frontiers on advantage [J]. Annual Review of Psychology, 2013, (64): 527-547.

[230] CALIAR C, GUERRINI F M, MOURA G L. Innovation networks:

from technological development to business model reconfiguration [J]. Technovation, 2007, 27 (8): 426-432.

[231] CAMELO-ORDAZ C, HERNáNDEZ-LARA A B, VALLE-CABRERA R. The relationship between top management teams and innovative capacity in companies [J]. Journal of Management Development, 2005, 24 (8): 683-705.

[232] CANTÙ C L, SCHEPIS D, MINUNNO R, et al. The role of relational governance in innovation platform growth: the context of living labs [J]. Journal of Business & Industrial Marketing, 2021, 36 (13): 236-249.

[233] CARROLLG P, SRIVASTAVA S, VOLINI A S, et al. Measuring the effectiveness and impact of an open innovation platform [J]. Drug discovery today, 2017, 22 (5): 776-785.

[234] CENAMOR J, PARIDA V, WINCENT J. How entrepreneurial SMEs compete through digital platforms: the roles of digital platform capability, network capability, and ambidexterity [J]. Journal of Business Research, 2019, 100 (7): 196-206.

[235] CERTO S T, HODGE F. Top management team prestige and organizational legitimacy: an examination of investor perceptions [J]. Journal of Managerial Issues, 2007 (2): 461-477.

[236] CHAMINADE C, VANG J. Globalisation of knowledge production and regional innovation policy: supporting specialized hubs in the Bangalore software industry [J]. Research policy, 2008, 37 (10): 1684-1696.

[237] CHANG T H, PETER J K. Misallocation and manufacturing TFP in China and India [J]. Quarterly Journal of Economics, 2009, 124 (4): 1403-1448.

[238] CHENH, HOU J, CHEN W. Threshold effect of knowledge accumulation between innovation path and innovation performance: new evidence from China's high-tech industry [J]. Science, Technology and Society, 2018, 23 (1): 163-184.

[239] CHEN K, ZHANG Y, ZHU G, et al. Do research institutes benefit from their network positions in research collaboration networks with industries or/ and universities? [J]. Technovation, 2020, 94: 102002.

[240] CHEN Z, PONCET S, XIONG R. Inter-industry relatedness and industrial-policy efficiency: evidence from China's export processing zones [J]. Journal of Comparative Economics, 2017, 45 (4): 809-826.

[241] CHESBROUGH, H. The future of open innovation [J]. Research-Technology Management, 2017, 60 (1): 35-38.

[242] CHI M, WANG W, LU X, et al. Antecedents and outcomes of collaborative innovation capabilities on the platform collaboration environment [J]. International Journal of Information Management, 2018 (43): 273-283.

[243] CHUN TIE Y, BIRKS M, FRANCIS K. Grounded theory research: a design framework for novice researchers [J]. SAGE Open Medicine, 2019 (7): 205-208.

[244] CLARK J, GUY K. Innovation and competitiveness: a review: practitioners' forum [J]. Technology Analysis & Strategic Management, 1998, 10 (3): 363-395.

[245] COHEN W M, LEVINTHAL D A. Absorptive capacity: a new perspective on learning and innovation [J]. Administrative Science Quarterly, 1990 (7): 128-152.

[246] COLEMAN J S. Social capital in the creation of human capital [J]. American Journal of Sociology, 1988, 6 (94): 95-120.

[247] COOMBS W T. Crisis management and communications [J]. Institute for Public Relations, 2007, 4 (5): 6.

[248] COWANR, JONARD N. Knowledge portfolios and the organization of innovation networks [J]. Academy of Management Review, 2009, 34 (2): 320-342.

[249] CRESWELL J W, GUETTERMAN T C. Educational research: planning, conducting, and evaluating quantitative and qualitative research, 6th edition [M]. Pearson, 2019.

[250] DART R. The legitimacy of social enterprise [J]. Nonprofit Management and Leadership, 2004, 14 (4): 411-424.

[251] DAVIES J, MARU Y, HALL A, et al. Understanding innovation platform effectiveness through experiences from west and central Africa [J]. Agricultural Systems, 2018 (165): 321-334.

[252] DEDEURWAERDERE T, MELINDI-GHIDI P, SAS W. Networked innovation and coalition formation: the effect of group-based social preferences [J]. Economics of Innovation and New Technology, 2018, 27 (7): 577-593.

[253] DELAY D, ZHANG L, HANISH L D, et al. Peer influence on academic performance: a social network analysis of social-emotional intervention effects [J]. Prevention Science, 2016, 17 (8): 903-913.

[254] DELFINO A, MARENGO L, PLONER M. Did it your way: an experimental investigation of peer effects in investment choices [J]. Journal of Economic Psychology, 2016 (54): 113-123.

[255] DETTMANN A, VON PROFF S, BRENNER T. Co-operation over distance? The spatial dimension of inter-organizational innovation collaboration [J]. Journal of Evolutionary Economics, 2015, 25 (4): 729-753.

[256] DHANARAJ C, PARKHE A. Innovation networks orchestrating [J]. The Academy of Management Review, 2006, 31 (3): 659-669.

[257] EDWARDS-SCHACHTER M. The nature and variety of innovation [J]. International Journal of Innovation Studies, 2018, 2 (2): 65-79.

[258] ERNST H. Patent applications and subsequent changes of performance: evidence from time-series cross-section analyses on the firm level [J]. Research Policy, 2001, 30 (1): 143-157.

[259] FAIRHURST D, NAM Y. Corporate governance and financial peer effects [J]. Financial Management, 2020, 49 (1): 235-263.

[260] FISHER G, KURATKO D F, BLOODGOOD J M, et al. Legitimate to whom? The challenge of audience diversity and new venture legitimacy [J]. Journal of Business Venturing, 2017, 32 (1): 52-71.

[261] FLEMING L, WAGUESPACK D M. Brokerage, boundary spanning, and leadership in open innovation communities [J]. Organization Science, 2007, 18 (2): 165-180.

[262] FORÉS B, CAMISÓN C. Does incremental and radical innovation performance depend on different types of knowledge accumulation capabilities and organizational size? [J]. Journal of Business Research, 2016, 69 (2): 831-848.

[263] FOROUGHI P, MARCUS A J, NGUYEN V, et al. Peer effects in

corporate governance practices: evidence from universal demand laws [J]. The Review of Financial Studies, 2022, 35 (1): 132-167.

[264] FOUCAULT T, FRESARD L. Learning from peers' stock prices and corporate investment [J]. Journal of Financial Economics, 2014, 111 (3): 554-577.

[265] FRANCIS B B, HASAN I, KOSTOVA G L. When do peers matter: A cross-country perspective [J]. Journal of International Money and Finance, 2016, 69: 364-389.

[266] FREEMAN C. Networks of innovators: a synthesis of research issues [J]. Research Policy, 1991, 20 (5): 499-514.

[267] FUNK R J. Making the most of where you are: geography, networks, and innovation in organizations [J]. Academy of Management Journal, 2014, 57 (1): 193-222.

[268] GAWER A. Digital platforms' boundaries: the interplay of firm scope, platform sides, and digital interfaces [J]. Long Range Planning. 2021, 54 (5): 102045.

[269] GLASER B G, STRAUSS A L. The discovery of grounded theory: strategies for qualitative research [M]. New York: Aldine, 1967.

[270] GLYNN M A, LOUNSBURY M. From the critics' corner: logic blending, discursive change and authenticity in a cultural production system [J]. Journal of Management Studies, 2005, 42 (5): 1031-1055.

[271] GORDON E A, HSU H T, HUANG H. Peer R&D disclosure and corporate innovation: evidence from American depositary receipt firms [J]. Advances in Accounting, 2020 (49): 100471.

[272] GRANOVETTER M S. The strength of weak ties [J]. American Journal of Sociology, 1973, 78 (6): 1360-1380.

[273] GRANOVETTER M. Economic action and social structure: the problem of embeddedness [J]. American Journal of Sociology, 1985, 91 (3): 481-510.

[274] GREGORY R S, KEENEY R L. Making smarter environmental management decisions 1 [J]. Journal of the American Water Resources Association, 2002, 38 (6): 1601-1612.

[275] GRENNAN J. Dividend payments as a response to peer influence [J]. Journal of Financial Economics, 2019, 131 (3): 549-570.

[276] GROSBY, M. Patents, innovation and growth [J]. Economic Record, 2010 (234): 255-262.

[277] GUAN J C, YAM R C M. Effects of government financial incentives on firms' innovation performance in China: evidences from Beijing in the 1990s [J]. Research Policy, 2015, 44 (1): 273-282.

[278] GULATI R, SYTCH M. Dependence asymmetry and joint dependence in interorganizational relationships: effects of embeddedness on a manufacturer's performance in procurement relationships [J]. Administrative Science Quarterly, 2007, 52 (1): 32-69.

[279] GULIZHAER AISAITI, JIAPING XIE AND TINGTING ZHANG. National innovation demonstration zone policy and city innovation capability - a quasi-natural experimental analysis [J]. Industrial Management & Data Systems, 2022, 122 (5): 1246-1267.

[280] GULIZHAER AISAITI, LING LIANG, LUHAO LIU, et al. How social enterprises gain cognitive legitimacy in the post-pandemic period? Social welfare logic and digital transformation [J]. Industrial Management & Data Systems, 2021, 121 (12): 2697-2721.

[281] GUO H, YANG Z, HUANG R, et al. The digitalization and public crisis responses of small and medium enterprises: implications from a COVID-19 survey [J]. Frontiers of Business Research in China, 2020, 14 (1): 1-25.

[282] HAGEDOORN J, CLOODT M. Measuring innovative performance: is there an advantage in using multiple indicators? [J]. Research Policy, 2003, 32 (8): 1365-1379.

[283] HAN H, HAWKEN S. Introduction: innovation and identity in next-generation smart cities [J]. City, Culture and Society, 2018 (12): 1-4.

[284] HAN J, ZHOU H, LÖWIK S, et al. Building and sustaining emerging ecosystems through new focal ventures: evidence from China's bike-sharing industry [J]. Technological Forecasting and Social Change, 2022 (174): 121261.

[285] HANEL P, ST-PIERRE M. Industry-university collaboration by Ca-

nadian manufacturing firms [J]. The Journal of Technology Transfer, 2006, 31 (4): 485-499.

[286] HARLAND C M, LAMMING R C, ZHENG J, et al. A taxonomy of supply networks [J]. Journal of Supply Chain Management, 2001, 37 (3): 21-27.

[287] HARTMANN G C, MYERS M B, ROSENBLOOM R S. Planning your firm's R&D investment [J]. Research-Technology Management, 2006, 49 (2): 25-36.

[288] HENDERSON R M, CLARK K B. Architectural innovation: the reconfiguration of existing product technologies and the failure of established firms [J]. Administrative Science Quarterly, 1990: 9-30.

[289] HENDERSON R, COCKBURN I. Measuring competence? Exploring firm effects in pharmaceutical research [J]. Strategic Management Journal, 1994, 15 (1): 63-84.

[290] HOBERG G, MAKSIMOVIC V. Redefining financial constraints: a text-based analysis [J]. The Review of Financial Studies, 2015, 28 (5): 1312-1352.

[291] HON A H Y, FUNG C P Y, SENBETO D L. Willingness to share or not to share? Understanding the motivation mechanism of knowledge sharing for hospitality workforce [J]. Journal of Hospitality Marketing & Management, 2022, 31 (1): 77-96.

[292] HORNER S, JAYAWARNA D, GIORDANO B, et al. Strategic choice in universities: managerial agency and effective technology transfer [J]. Research Policy, 2019, 48 (5): 1297-1309.

[293] HUBER M, IMHOF D. Machine learning with screens for detecting bid-rigging cartels [J]. International Journal of Industrial Organization, 2019, 65: 277-301.

[294] HURMELINNA-LAUKKANEN P, NÄTTI S, PIKKARAINEN M. Orchestrating for lead user involvement in innovation networks [J]. Technovation, 2021, 108: 102326.

[295] JIANG X, LIU H, FEY C, et al. Entrepreneurial orientation, network resource acquisition, and firm performance: a network approach [J].

Journal of Business Research, 2018 (87): 46-57.

[296] KATZ M L, SHAPIRO C. Network externalities, competition, and compatibility [J]. The American Economic Review, 1985, 75 (3): 424-440.

[297] KAUSTIA M, RANTALA V. Social learning and corporate peer effects [J]. Journal of Financial Economics, 2015, 117 (3): 653-669.

[298] KAZEMIAN S, DJAJADIKERTA H G, RONI S M, et al. Accountability via social and financial performance of the hospitality sector: the role of market orientation [J]. Society and Business Review, 2020 (2): 1746-5680.

[299] KLEMPERER P. Equilibrium product lines: competing head-to-head may be less competitive [J]. The American Economic Review, 1992: 740-755.

[300] KLINE P, MORETTI E. Local economic development, agglomeration economies, and the big push: 100 years of evidence from the Tennessee Valley Authority [J]. The Quarterly Journal of Economics, 2014, 129 (1): 275-331.

[301] KOKA B R, PRESCOTT J E. Designing alliance networks: the influence of network position, environmental change, and strategy on firm performance [J]. Strategic Management Journal, 2008, 29 (6): 639-661.

[302] KOSCHATZKY K, STERNBERG R. R&D cooperation in innovation systems: some lessons from the European Regional Innovation Survey (ERIS) [J]. European Planning Studies, 2000, 8 (4): 487-501.

[303] KRÄKEL M. Human capital investment and work incentives [J]. Journal of Economics & Management Strategy, 2016, 25 (3): 627-651.

[304] KUMAR P, ZAHEER A. Ego-network stability and innovation in alliances [J]. Academy of Management Journal, 2019, 62 (3): 691-716.

[305] LAURSEN K, SALTER A J. The paradox of openness: appropriability, external search and collaboration [J]. Research Policy, 2014, 43 (5): 867-878.

[306] LAURSEN K, SALTER A. Open for innovation: the role of openness in explaining innovation performance among UK manufacturing firms [J]. Strategic Management Journal, 2006, 27 (2): 131-150.

[307] LEARY M T, ROBERTS M R. Do peer firms affect corporate finan-

cial policy? [J]. The Journal of Finance, 2014, 69 (1): 139-178.

[308] LEMINEN S, NYSTRöM A G, WESTERLUND M. Change processes in open innovation networks–Exploring living labs [J]. Industrial Marketing Management, 2020 (91): 701-718.

[309] LIEBERMAN M B, ASABA S. Why do firms imitate each other? [J]. Academy of Management Review, 2006, 31 (2): 366-385.

[310] LIM C, FUJIMOTO T. Frugal innovation and design changes expanding the cost–performance frontier: a schumpeterian approach [J]. Research Policy, 2019, 48 (4): 1016-1029.

[311] LIN Y, WU L Y. Exploring the role of dynamic capabilities in firm performance under the resource-based view framework [J]. Journal of Business Research, 2014, 67 (3): 407-413.

[312] LIUW, ATUAHENE-GIMA K. Enhancing product innovation performance in a dysfunctional competitive environment: the roles of competitive strategies and market–based assets [J]. Industrial Marketing Management, 2018, 73: 7-20.

[313] LUNDVALL B A. Innovation as an interactive process: from user producer interaction to the national system of innovation [J]. Technical Change and Economic Theory, 1988 (6): 349-369.

[314] MA Y J, KIM M J, HEO J S, et al. The effects entrepreneurship and market orientation on social performance of social enterprise [J] Int Conf Econ Market Manager. 2012, 28 (3): 60-65.

[315] MAIR J, MAYER J, LUTZ E. Navigating institutional plurality: organizational governance in hybrid organizations [J]. Organization Studies, 2015, 36 (6): 713-739.

[316] MALERBA F, MCKELVEY M. Knowledge-intensive innovative entrepreneurship integrating Schumpeter, evolutionary economics, and innovation systems [J]. Small Business Economics, 2020, 54 (2): 503-522.

[317] MANSKI C F. Economic analysis of social interactions [J]. Journal of Economic Perspectives, 2000, 14 (3): 115-136.

[318] MARCH J G. Exploration and exploitation in organizational learning [J]. Organization Science, 1991, 2 (1): 71-87.

[319] MARDANI A, NIKOOSOKHAN S, MORADI M, et al. The relationship between knowledge management and innovation performance [J]. The Journal of High Technology Management Research, 2018, 29 (1): 12-26.

[320] MARSHALL A. Principles of economics [M]. London: Macmillan, 1890.

[321] MCCAFFREY J, DONNELLY R F, MCCARTHY H O. Microneedles: an innovative platform for gene delivery [J]. Drug Delivery and Translational Research. 2015, 5 (4): 424-437.

[322] MEZIAS S J, KUPERMAN J C. The community dynamics of entrepreneurship: the birth of the American film industry, 1895-1929 [J]. Journal of Business Venturing, 2001, 16 (3): 209-233.

[323] MITCHELL. Social networks in urban situations: analyses of personal relationships in central African towns [M]. Manchester: Manchester University Press, 1969.

[324] MO C, HE C, YANG L. Structural characteristics of industrial clusters and regional innovation [J]. Economics Letters, 2020 (188): 109003.

[325] MOSS T W, SHORT J C, PAYNE G T, et al. Dual identities in social ventures: an exploratory study [J]. Entrepreneurship Theory and Practice, 2011, 35 (4): 805-830.

[326] NAMBISAN S, LYYTINEN K, MAJCHRZAK A, et al. Digital innovation management: reinventing innovation management research in a digital world [J]. MIS Quarterly, 2017, 41 (1): 37-42.

[327] NAMBISAN S, WRIGHT M, FELDMAN M. The digital transformation of innovation and entrepreneurship: progress, challenges and key themes [J]. Research Policy, 2019, 48 (8): 103773.

[328] NARVER J C, SLATER S F. The effect of a market orientation on business profitability [J]. Journal of Marketing, 1990, 54 (4): 20-35.

[329] NYLÉN D, HOLMSTRÖM J. Digital innovation in context: exploring serendipitous and unbounded digital innovation at the church of Sweden [J]. Information Technology & People, 2018, 32 (3): 696-714.

[330] PANX, GUO S, LI M, et al. The effect of technology infrastructure investment on technological innovation: a study based on spatial durbin model

[J]. Technovation, 2021, 107: 102315.

[331] PANX, SONG M L, ZHANG J, et al. Innovation network, technological learning and innovation performance of high-tech cluster enterprises [J]. Journal of Knowledge Management, 2018, 23 (9): 1729-1746.

[332] PEARCE J A, DAVID F. Corporate mission statements: the bottom line [J]. Academy of Management Perspectives, 1987, 1 (2): 109-115.

[333] PERRIN J C. Technological innovation and territorial development: an approach in terms of networks and milieux [J]. Innovation Networks: Spatial Perspectives, 1991: 35-54.

[334] POLANYI M. Personal knowledge [M]. London: Routledge & Kegan Paul, 1958.

[335] PORTER M E, C VAN DER LINDE. Toward a new conception of the environment: competitiveness relationship [J]. Journal of Economic Perspectives, 1995, 9 (4): 97-118.

[336] POTER M E. Clusters and the new economics of competition [J]. Harvard Business Review, 1998 (11): 77-90.

[337] POWELL W W, SNELLMAN K. The knowledge economy [J]. Annual Review of Sociology, 2004: 199-220.

[338] RONG T, ZHANG P, ZHU H, et al. Spatial correlation evolution and prediction scenario of land use carbon emissions in China [J]. Ecological Informatics, 2022, 71: 101802.

[339] ROPER S, LOVE J H, BONNER K. Firms' knowledge search and local knowledge externalities in innovation performance [J]. Research Policy, 2017, 46 (1): 43-56.

[340] ROSEN C, KLEIN K. Job-creating performance of employee-owned firms [J]. Monthly Lab. Rev., 1983, 106: 15.

[341] RYCROFT R W. Technology-based globalization indicators: the centrality of innovation network data [J]. Technology in Society, 2003, 25 (3): 299-317.

[342] SAGE D, VITRY C, DAINTY A. Exploring the organizational proliferation of new technologies: an affective actor-network theory [J]. Organization Studies, 2020, 41 (3): 345-363.

［343］SCHMIDT P, STRAUSS R P. The prediction of occupation using multiple logit models ［J］. International Economic Review, 1975: 471-486.

［344］SHEPHERD D A, WENNBERG K, SUDDABY R, et al. What are we explaining? A review and agenda on initiating, engaging, performing, and contextualizing entrepreneurship ［J］. Journal of Management, 2019, 45 (1): 159-196.

［345］SHI X, ZHANG Q, ZHENG Z. The double-edged sword of external search in collaboration networks: embeddedness in knowledge networks as moderators ［J］. Journal of Knowledge Management, 2019, 23 (10): 2135-2160.

［346］SHIPILOV A, GAWER A. Integrating research on interorganizational networks and ecosystems ［J］. Academy of Management Annals, 2020, 14 (1): 92-121.

［347］SILVA M, MOUTINHO L, COELHO A, et al. Market orientation and performance: modelling a neural network ［J］. European Journal of Marketing, 2009, 43 (3): 421-437.

［348］SMITH A. The wealth of nations ［M］. London: W. Strahan and T. Cadell, 1776.

［349］SONG M, VANDER BIJ H, WEGGENAN M. Factors for improving the level of knowledge generation in new product development ［J］. R&D Management, 2006, 36 (2): 173-187.

［350］SPINELLO R A. The knowledge chain ［J］. Business Horizons, 1998, 41 (6): 4-14.

［351］SUCHMAN M C. Managing legitimacy: strategic and institutional approaches ［J］. Academy of Management Review, 1995, 20 (3): 571-610.

［352］SUDDABY, R. From the editors: what grounded theory is not ［J］. Academy of Management Journal, 2006, 49 (4): 633-642.

［353］SUN H, EDZIAH B K, KPORSU A K, et al. Energy efficiency: the role of technological innovation and knowledge spillover ［J］. Technological Forecasting and Social Change, 2021, 167: 120659.

［354］SYDOW J, SCHREYÖGG G, KOCH J. Organizational path dependence: opening the black box ［J］. Academy of Management Review, 2009, 34 (4): 689-709.

[355] TALLMAN S, JENKINS M, HENRY N, et al. Knowledge, clusters, and competitive advantage [J]. Academy of Management Review, 2004, 29 (2): 258-271.

[356] TAN X, YAN Y, DONG Y. Peer effect in green credit induced green innovation: an empirical study from China's green credit Guidelines [J]. Resources Policy, 2022, 76: 102619.

[357] TEECE D J. Profiting from technological innovation: implications for integration, collaboration, licensing and public policy [J]. Research Policy, 1986, 15 (6): 285-305.

[358] THORNTON P H, OCASIO W. Institutional logics [J]. The Sage Handbook of Organizational Institutionalism, 2008, 840 (8): 99-128.

[359] THORNTON P H. Markets from culture: institutional logics and organizational decisions in higher education publishing [M]. California: Stanford University Press, 2004.

[360] TROISE C, MATRICANO D, SORRENTINO M. Open innovation platforms: exploring the importance of knowledge in supporting online initiatives [J]. Knowledge Management Research & Practice, 2021, 19 (2): 208-216.

[361] TSUI A S, WANG H, XIN K R. Organizational culture in China: an analysis of culture dimensions and culture types [J]. Management and Organization Review, 2006, 2 (3): 345-376.

[362] TURYAHIKAYO W, MATSIKO F B, MIIRO R F, et al. Social embeddedness and innovation behavior of innovation platform actors [J]. International Journal of Agricultural Extension, 2021, 9 (1): 91-107.

[363] UZZI B. The sources and consequences of embeddedness for the economic performance of organizations: the network effect [J]. American Sociological Review, 1996 (3): 674-698.

[364] UZZI B. Towards a network perspective on organizational decline [J]. International Journal of Sociology and Social Policy, 1997, 17 (8), 111-155.

[365] WANG C, HU Q. Knowledge sharing in supply chain networks: effects of collaborative innovation activities and capability on innovation performance [J]. Technovation, 2020, 94 (4): 102010.

[366] WANG H, ZHAO Y, DANG B, et al. Network centrality and innovation performance: the role of formal and informal institutions in emerging economies [J]. Journal of Business & Industrial Marketing, 2019, 34 (6): 1388–1400.

[367] WANG Z, LV Q, LAN X, et al. Cross-lingual knowledge graph alignment via graph convolutional networks [C] //Proceedings of the 2018 Conference on Empirical Methods in Natural Language Processing, 2018: 349–357.

[368] WILLIAMSON O E. The vertical integration of production: market failure considerations [J]. The American Economic Review, 1971, 61 (2): 112–123.

[369] WINSTON G, ZIMMERMAN D. Peer effects in higher education [M]. Chicago: University of Chicago Press, 2004: 395–424.

[370] XIONG H, PAYNE D, KINSELLA S. Peer effects in the diffusion of innovations: theory and simulation [J]. Journal of behavioral and Experimental Economics, 2016, 63: 1–13.

[371] YOO Y, BOLAND JR R J, LYYTINEN K, et al. Organizing for innovation in the digitized world [J]. Organization Science, 2012, 23 (5): 1398–1408.

[372] ZAHRA S A, GEORGE G. Absorptive capacity: a review, reconceptualization, and extension [J]. Academy of Management Review, 2002, 27 (2): 185–203.

[373] ZAHRA S A. Technology strategy and new venture performance: a study of corporate-sponsored and independent biotechnology ventures [J]. Journal of Business Venturing, 1996, 11 (4): 289–321.

[374] ZHAO J. The relationship between coupling open innovation and innovation performance: the moderating effect of platform openness [J]. Technology Analysis & Strategic Management, 2021 (4): 1–16.

[375] ZHELYAZKOV P I. Interactions and interests: collaboration outcomes, competitive concerns, and the limits to triadic closure [J]. Administrative Science Quarterly, 2018, 63 (1): 210–247.

[376] ZHOU R T, LAI R N. Herding and information based trading [J]. Journal of Empirical Finance, 2009, 16 (3): 38.

附　录

科创平台目标定位、平台运行逻辑及科创平台网络协调效应调查问卷

尊敬的先生/女士：

您好！本调查问卷是上海财经大学正在进行的学术科研的部分项目内容。所有信息资料仅供学术研究使用，调研信息将严格保密，调查问卷结果将呈现综合数据，我们不会以任何形式将调研信息提供给外界单位。如果您对本项目以及本次调查问卷结果感兴趣，请您把联系方式留下，我们将为您提供最终的调查报告。

最后，衷心地感谢您的支持与参与。

第一部分：基本信息（请在题项中填写信息，或在题项后的"□"中打"√"）

1. 企业成立年限是：＿＿＿＿＿＿年。

①□1 年以内　②□1~5　③□6~10　④□11 年以上

2. 企业所在地区：

①□东部地区　②□中部地区　③□西北地区　④□东北地区

3. 企业年收入（万元）：

①□100 万及以下　②□101~1 000　③□1 001~5 000

④□5 000~10 000　⑤□1 亿以上

4. 企业规模（人）：

①□1~99　②□100~499　③□500~999　④□1 000 以上

5. 产权性质：

①□国有　②□民资　③□外资　④□合资　⑤□其他

第二部分：科创网络平台

以下表述，1 级至 5 级依次表示从完全不符合到完全符合，请您根据现实情况程度，在每个题项的右边选一个数字打"√"。

科创平台目标定位	完全不符合	不符合	一般	符合	完全符合
科创平台资金实力要非常雄厚	1	2	3	4	5
科创平台团队必须具备强大的实力，并促进知识共享	1	2	3	4	5
科创平台目标明确，表述了科创共享服务的承诺	1	2	3	4	5
科创平台定位明确，体现了发展目标和盈利目标	1	2	3	4	5
科创平台聚焦核心技术与共性技术	1	2	3	4	5
科创平台定位明确，反映了业务面向的地理区域特征	1	2	3	4	5
科创平台的定位明确，体现了可持续发展理念	1	2	3	4	5
科创平台从事高技术知识和科技含量的领先研发	1	2	3	4	5

商业建构逻辑	完全不符合	不符合	一般	符合	完全符合
科创平台对动态环境变化及时采取应对行动	1	2	3	4	5
科创平台洞察市场竞争信息以追求商业价值	1	2	3	4	5
科创平台定期商讨动态环境的战略对标以确保竞争优势	1	2	3	4	5
科创平台要善于与平台用户竞合协同以获取竞争优势	1	2	3	4	5

社会建构逻辑	完全不符合	不符合	一般	符合	完全符合
科创平台重视公性技术研发的社会责任	1	2	3	4	5
科创平台以服务社会公众创新为己任	1	2	3	4	5
科创平台立足社会效益并兼顾经济效益	1	2	3	4	5

社会建构逻辑	完全不符合	不符合	一般	符合	完全符合
科创平台为小微企业创新提供公益服务	1	2	3	4	5

数字赋能	完全不符合	不符合	一般	符合	完全符合
科创平台要强力打造数字新基座提供数字赋能技术	1	2	3	4	5
科创平台通过数字化流程或数字化服务提升平台服务效率	1	2	3	4	5
科创平台通过数字治理实现平台合作伙伴的共享服务与协同	1	2	3	4	5
科创平台通过智能互联提升云算力以支撑用户企业自主创新	1	2	3	4	5

商业模式创新	完全不符合	不符合	一般	符合	完全符合
科创平台善于通过智慧云洞察市场竞争机会	1	2	3	4	5
科创平台善于通过大数据分析发掘并调整商业模式定位	1	2	3	4	5
科创平台善于通过资源能力配比以重构创新商业模式	1	2	3	4	5
科创平台善于通过商务分析重构盈利模式与价值流	1	2	3	4	5

网络关系嵌入	完全不符合	不符合	一般	符合	完全符合
科创平台与合作伙伴都能信守承诺与信任	1	2	3	4	5
科创平台与合作伙伴在沟通时能坦诚交换意见	1	2	3	4	5
科创平台与合作伙伴互相提供真实信息	1	2	3	4	5

网络关系嵌入	完全不符合	不符合	一般	符合	完全符合
科创平台能与合作伙伴保持长久、密切的合作关系	1	2	3	4	5
科创平台与合作伙伴能协同互助解决问题	1	2	3	4	5
科创平台与合作伙伴能互相提醒潜在问题和变化	1	2	3	4	5

网络结构嵌入	完全不符合	不符合	一般	符合	完全符合
科创平台相比之下与"政产学研金介"等组织保持紧密联系	1	2	3	4	5
科创平台在科创网络里处于中心地位，具有更强影响力	1	2	3	4	5
科创平台为合作伙伴搭建创新资源的信息交换机制	1	2	3	4	5
科创平台内的合作伙伴主要依托平台网络自身建立联系	1	2	3	4	5
科创平台能凝聚竞合同盟中的大多数关键合作伙伴	1	2	3	4	5
科创平台牵线为合作伙伴建立第三方合作关系	1	2	3	4	5

市场主导驱动	完全不符合	不符合	一般	符合	完全符合
科创平台根据自身商业逻辑和战略需求遴选合作伙伴	1	2	3	4	5
科创平台立足市场需求调整创新方向或技术迭代	1	2	3	4	5
科创平台主要依靠成果转化交易市场分享技术专利	1	2	3	4	5
科创平台主要通过市场法则进行全球配置创新资源	1	2	3	4	5

政府引导驱动	完全不符合	不符合	一般	符合	完全符合
政府为科创平台配套税收和财政等政策支持	1	2	3	4	5
政府对科创平台募集创新资金给予积极扶持	1	2	3	4	5
政府为科创平台提供金融科技服务	1	2	3	4	5
政府为科创平台提供税务咨询服务	1	2	3	4	5

科创平台网络协调效应	完全不符合	不符合	一般	符合	完全符合
科创平台伙伴高度评价大科学装置的配套共享服务	1	2	3	4	5
科创平台伙伴间在知识技术共享方面达成合作共识	1	2	3	4	5
合作伙伴高度认同科创平台的技术原型开发能力	1	2	3	4	5
合作伙伴高度认同科创平台的成果转化中试能力	1	2	3	4	5